草舟言行録

SOSYU'S LOGOS

Ⅲ

誠に生く

執行草舟

SHIGYO SOSYU

実業之日本社

まえがき

人生には、何にも替え難い大切なものがある。それを我々は誠と呼んでいるに違いない。我々の人生には、あらゆることが起きる。辛いこと、悲しいこと、寂しいことなどが次々に訪れて来る。たまに嬉しいことや、楽しいこともあるが、そういうものほど早々に走り去ってしまう。我々は不満を抱えながらも、ただひたすらに人生航路を突き進むしかないのだ。どんなに辛くても、ただ突き進むしかない。それが我々人間に与えられた「生きる」ということなのだろう。

そのような人生においても、我々は自分の人生を愛おしく思っている。自分の人生に、何らかの愛着を持たぬ人間は、多分いないだろう。どうして、多くの人々が自分の人生を愛するのだろうか。私はそれを考え続けて来たのだ。そして三十代の頃に、一つの結論を得た。それが、我々の生命の奥深くに潜む誠というものなのだと気付いた時があった。誠が、あらゆる人間の人生を立て続けている。それが見えるように成ったのである。それを私は、人間の魂の根源的実在と直感したのだ。人間の生命を支える、人間にしか解からぬ実在と言ってもいいだろう。

人間の中にある、揺るがぬ真実が誠だ。それは善悪を超越したものであり、その人間の人生を立たしめているものと言えよう。誠とは、あらゆる人間の生命が持つ本当の「涙」である。その涙のために、人間はいかなる苦しみをも乗り越えて来たのだ。その涙は、我々生きている人間だけのものではない。それは我々の祖先たちが生きた証でもあるだろう。祖先たちが生きるために流した涙の堆積が、また我々生きている人間の涙と成っている。

我々人間は、理想を夢見て文明を築いて来た。憧れをもって、日々を積み重ねて来たのだ。それが、我々人間の誠を創り上げて来たと私は思う。人間の生き方の根源的伝統が、我々の誠の本体なのではないか。私にはそう思えてならない。それを我々は魂の奥底に持っているのだ。それに気付く人間と、気付かない人間がいることは確かだ。自己の誠に気付けば、人間は立つ。弱い人間は、多分、自己の誠の崇高に気付いていないだけなのではないか。

だから人間の誠とは、我々人類の理想の中にその淵源があるのだ。各々の民族の歴史の中にその実在があるのだ。我々はそれを仰ぎ見なければならない。仰ぎ見れば、我々はその中に滲む涙の痕跡を必ず見出すことになるだろう。その人間の涙を、自己の魂に引き寄せるのである。それによって、我々の誠はいやが上にも生命的活力を増していくに違いない。誠のある人間には、真の人間としての人生が拓いて来るだろう。

それは、自己の人生を燃焼させるものと成るに違いない。自己の人間存在が燃焼することによって、人生が燃え盛るのだ。そのような人生が、人間の歴史を創って来た。人間の社会の安定と平和を創り上げて来た。そして自己の人生が、人間の偉大な歴史に参画していく。それが一人の人間の「人間燃焼」というものなのだ。誠を持てば、真の人生が拓いて来る。人間に生まれた真の喜びを知ることになるだろう。

我々の人生は、自己の誠を持ち続けることによって成立すると私は思っている。誠を持って生き続ける。そして誠を持って堂々と死に果てるのである。それが本当の人間の人生と言ってもいいだろう。自己の誠さえ立てば、どのような人生であれ、それは一つの偉大な人生と成る。我々はそう成るために生まれた。我々はそう成らなければ死ねないのだ。人間の死とは、人間の持つ誠の死である。人間の死とは、誠によって屹立した涙の死なのだ。人生の決意とは、誠を養うことを言う。人生の覚悟とは、自己の誠に生き、誠に死することに尽きる。

令和六年六月一日

執行草舟

目次

まえがき 2

1 「日本的」の根源

「日本的」を考える 17
建国の詔 19
日本の初心 21
日本は宗教がいらない 24
民を利する 25
平等が世を覆っていた 28
和を以て貴しと為す 30
憲法十七条は未来を創る 33
「恩」から「敬」へ 35
誠は理の本なり 38
五箇条の御誓文 42
神仏習合 44
日本的家と商道 47
学問と武道のあり方 49
未来を創る世界哲学 52

2

理想に生きる

理想を一番上に……58
清く美しいもの……59
魂の食物……61
大きな目的を持つ……63
「類」「種」「個」……64
理想と生命燃焼……68
『葉隠』を貫く……70
三島由紀夫、トインビーの理想……72
すべてを捧げる決意……74
生命の喜び……75
偉大なる敗北……78
知らぬ道を行く……79
夢とは何か……81
運命は信じるしかない……83
運命の独立自尊……85

現実的人間……87
理想に生きた偉人たち……88
事業もまた理想……91
人間は翼を失った……93
魂の本当の願い……96

質疑応答

時代の転換点を生きるには……98
日本的経営について……101
グローバリズムに呑み込まれるな……104
愛国心を持つには……108
宗教の崩壊……110
人に役立てば成功する……113
幸・不幸について……115
読書と理想……117
誰か一人を愛すればよい……119

3 誠に生く

現代社会の荒廃……124
家族・夫婦のありかた……126
他人は関係ない……128
土方歳三の生き方……131
人間は自由で平等……134
誠に生きた例……137
ヒューマニズムの嘘……140
人から恨まれても……143
『月と六ペンス』の反応……145
ダンテの恋……148
初心を思い返す……150
善悪を超越する……153
悪即善　善即悪……156
罰してくれる世の中……158
本当の素直……160

草莽として生きる　162
垂直を仰ぐ　164

質疑応答

愛国心とは　167
小林秀雄の誠　168
ビジネスの初歩　169
死ぬための訓練　171
ハラスメントの問題　172
無限経済成長の病　173
三島由紀夫との出会い　176
鎌倉時代から始まる　177

4 ぶれない軸とは

人生とは問いかけ 182
何が私であるのか 185
昔は人生が決まっていた 187
命より大切なもの 189
現代のスピリチュアル 192
洋画家 戸嶋靖昌 193
人生それぞれ 196
立教小学校での恩 199
宿命を認識する 201
よく動く軸 204
柔よく剛を制す 207
負けていい 209
良い家庭は、良くない 212
ぶれないためにぶれる 214
宇宙の愛 217

何かに徹する……219
覚悟に生きた芭蕉……221
十字架の聖ヨハネとドン・キホーテ……223
大和魂とは何か……224
問い続ける一生……227

質疑応答

「葉隠」が誠の出発……231
日常生活について……232
宗教と軸……233
直観を信じる……235
失敗して学べ……237

5 人間力に迫る

「非日常」という勇気 240
みんな正直に生きていた 243
よもやま話が面白い 246
昔の女性には頭が上がらない 249
餓鬼道を推進する現代 252
「親と同じ」が普通だった 254
心を豊かにする産業 257
「成長の上限」があれば…… 260
西洋も死んでいる 263
魂の定義 266
「完全な失敗」はない 268
人生はバラ色ではない 271
母親に最敬礼する総理大臣 273
「誇り」が成長を呼ぶ 275
「負い目」が人を向上させる 278

十九世紀のアメリカ人は……281
あとがき……286
巻末資料　日本書紀　建国の詔／憲法十七条／五箇条の御誓文……290
注釈……294
参考文献……314

装幀　水戸部 功

校正　山本 和之

ＤＴＰ　株式会社 千秋社

1

「日本的」の根源

日本書紀　建国の詔、憲法十七条、五箇条の御誓文は巻末資料 p.二九〇をご参照下さい。

「日本的」を考える

いま日本講演新聞の三十周年記念祝賀会の祝賀の講演をするという光栄な機会を頂き、大変嬉しい日となりました。この話を頂いたときから、三十年という一つの歴史を経た日本講演新聞がいままで最も大切にしてきて、現在も大切にしているものは何だろうかと私は考え続けていました。私が思うに、それは「初心」なのではないでしょうか。編集長の水谷謹人《みずたにもりひと》さん、社長の松田くるみさんのお二人は非常に物事の初心を大切にしてこられた方だと、それをいま私は一番感じているのです。この思いが一気に大きく膨らんできて、最も初心を大切にしている会社の三十周年の記念講演会なので、我々の祖国である「日本国の初心」ということを、お祝いの気持ちとともに話したいと思ったのです。

皆さんも人生で様々な経験をされていると思いますが、いわゆる物質的、社会的成功などは別にして良い人生を送った人というのは、私が知っている限りすべて初心を大切にしています。これは皆さんにも経験があると思いますが、会社なら会社に入社した時とか、結婚なら結婚をしての時に感じた思い、また、学校に受験で受かったとか、憧れの学校に入れたとか、そういう時に抱いた魂や気持ち、これが人生を決すると私は思っているのです。

個人と同じことで会社ももちろん創業時の想いが最も重要で、先ほど水谷さんもこの機に初心を改めて述べておられたと思います。私も四十年前に会社を起業した創業オーナー社長なのですが、会社については何とか筋を通してきちっとやろうとしています。きちっとやろうとしている会社は、毎日初心を考えているものなのです。初心というのは自分が会社を建てた時の思いです。なぜ建てたのか、何を実現しようと思って建てたのか、どういう思いで建てたのか、ということです。それは国家も同じことです。

アメリカという国が最も素晴らしかったのは十九世紀だと私は思っているのですが、その頃の文学とかアメリカ人自体というのはアメリカ独立の精神を体現していて、それが随所に出てきます。独立の夢に燃えた人たちの憧れを現実社会に落とし込んでいるのです。それが発展したことによって偉大なアメリカが創られた。歴史を見ても文学を見てもそれがよく分かる。日本は発祥があまりに古く、長い歴史がある国なので、政治・経済を始め、あらゆる面で国としての初心を忘れているのではないかと、私は強く懸念しているのです。そこで記念すべき今回の機会に改めて日本の初心の元とは何であるかについて話したいと思いますので、聞いて頂けたら嬉しいことです。

最初にまず話したいのは、「日本的」ということの根源が何なのか、「日本的」とはいったい何だろうか、ということです。そもそも「日本的」を創り上げた思想とはいかなるものか。そこには大切なものが二点あるのです。この思想は日本の原点を創り上げた初心ともいうべきもので、当然、最初の日の憧れのことです。最初の日の憧れというのは、日本の場合には『日本書紀』という書物にはっきりと書かれています。歴史が何千年経とうと、神武天皇*即位の時の詔《みことのり》でこれが国の初心になるのです。次にこの詔から出てきたのが、皆さんご存知の聖徳太子*による憲法十七条*です。憲法十七条の精神がどのくらい世界的に優れたものなのか、また日本の国の現在をも覆っている「日本らしさ」、いい意味での「日本らしさ」をどのように創っているか、ということを話したいと思います。そして、明治維新の時に明治帝*によって発せられた、あの有名な「五箇条の御誓文*」ですね。それを話したい。この精神も、先の二つの精神を踏まえた上で達成された真の日本的民主主義の精華なのです。この三つの系列をたどることによって、現在の日本に綿々と引き継がれた日本的と呼ばれる精神の真の価値が理解されて来るものと考えています。

建国の詔

まず、神武天皇建国の詔です。これは一般的には「天業恢弘《てんぎょうかいこう》の理想」と呼ばれています。私は「天業恢弘」という言葉が好きで、これを「天業恢弘の理想」ということでいつでも思い出し、声に出して自分の魂に対して語りかけています。こういう歴史が創り出した偉大な言葉というのは自分の魂を清純にする働きがあります。皆さんも天業恢弘の理想、これが神武天皇の詔なのだということが分かると、かなり自分の国に対する見方が変わると思います。

この天業恢弘の理想の実現を担っているのが日本人なのです。だから心にそう思って行動すると、自分の人生を非常に有意義にすることが出来ると思います。これはもちろん神話も含んでいますが、およそ紀元前六六〇年の出来事とされています。その中に日本の原点を創り上げた二つの思想があるのです。それでは、それを見ていきましょう。

まず一つ目に、神武天皇の理想の中で世界的にも最も素晴らしい思想は、この詔の中にある「養正《ようじょう》」という思想だと思うのです。「正しさを養う」という思想です。それがはっきりと記されている。そしてその心を広めるということが、この国の根源なのだということを神武天皇が語っている。これがどれほど素晴らしい思想かというと、世界に唯一無二と言えるくらい素晴らしい。

日本人は初心において、何が正しいか、何が良いことか、何を方針とするか、を国是として決めたわけではないのです。初心として決めたのは、正しい方向に向かっていこうではないかということです。最初の天皇によってそれが詔としてみなに伝えられた。私はこの思想が、現在まで日本を覆う日本の最大の美点だと思っています。この思想には固定というものがない。無限の努力の中に価値を置いているのです。これが悪く出るといい加減になるというのはある。しかし、よく出れば本当に我々の生命の根源を知り、生命というものが何のために生まれたのかが分かる。その根源が既に示されている国家論なのです。だから、政治とか経済を抜きにして生命の根源を国家の初心に据《す》えたという国は、私が知る限り日本をおいて他にはないのです。そういうことで「養正」という言葉をぜひ理解し、みなさんの普段の生活に当てはめてほしい。

この「養正」という言葉に近いことを学問的観点で言っているのが、ヨーロッパではゲーテ*という詩人です。ゲーテの自然科学というのを私は好きで若い頃から研究しているのですが、このゲーテの自然観が非常に「養正」に近いのです。ゲーテの自然科学はニュートン*に対抗して説かれたヨーロッパの伝統に基づく科学思想です。中でもメタモルフォーゼ（変容）という言葉で表わされる思想が有名です。変容と言ってどんどん変わっていく環境への対応が生命や物質の本質なのだ、ということをゲーテは語っている。それが既に日本の場合には建国の最初の時点でなされた思想なのだということを言いたいわけです。

一番難しく感じるのは「養正」という言葉自体ですが、この中には素晴らしい思想が躍動しているのです。私に言わせれば禅の奥義をも超越しているほどの考え方です。結果が良かろうが悪かろうが、本当に人間が誠《まこと》をもって行なったことが真に尊いのだという思想なのです。日本は歴史上もそうです。負けた人間を偲《しの》び、負けた人間が歴史上の英雄になっています。そして、それが現在まで引き継がれている国というのは政治的には日本だけです。そういうものを偲ぶ魂というのが、この養正の思想から出ているということを覚えておいてほしいのです。

日本の初心

これは紀元前に創られた思想ですけれども、私は科学も好きで量子力学とか量子論とかを随分研究していますが、今の量子力学が最新の物理学を形成しているのはご存知だと思います。その最新の物理学が実は「養正」そして「メタモルフォーゼ」の思想に近づいているのです。結局、人類は西洋思想もこのまま研究が進んでいくと人類の初心に戻っていく。その初心が、これは別に私が日本人だから言うわけではないですが、国家の誕生の最も古い考え方の中にすでに息づいている。日本の建国の思想や憲法十七条に入っている考え方がそれだと私は思っています。外国の建国に係わる古い考え方も全部研究しましたが、どれも日本の建国の詔に比べれば、現在まで引き継がれるような真に価値のある思想はあまりありません。

後で説明しますが、日本というのは神武天皇即位の時点で、既に一万年をはるかに超える縄文時代という文明期を経験している。だから一万年の叡智が創り上げたものが、神武天皇の建国の詔の思想をすでに創り上げ支えていたのだと思ってください。近代的な言葉で言えば「養正」という言葉は、より高いものに向かって苦悩し続ける魂とでも言い換えられるかもしれません。この苦悩し続ける、というのが重要なのです。最近の人はこういうのを嫌がるので日本人としての中心軸が中々立たない。

苦悩し続ける魂というのは学問的に言うと、西洋哲学が発展していった後の、ヘーゲル*などの言う「無限弁証法」とか「絶対弁証法」という哲学用語で表わされる考え方です。これは西洋が近代科学によってルネッサンス以降に多大なる発展をした時に生み出された考え方ですね。哲学的には絶対精神に向かう生き方と考えられる思考法です。その過程を弁証法と言う。この代表者がカント*とヘーゲルです。この無限弁証法の思考が、日本の養正の考え方つまり神武天皇の詔の中心思想だということを分かってほしいのです。日本は最初から哲学化の過程を経なくとも、もともとそういう考え方をもっていたのです。

条件としては、今の無限経済成長や成功・幸福思想とは本当に抵触していると言えるかもしれません。ある意味では楽しさとか幸福というのを追い求める人生とは相容れないという思想です。もっと未来に向かって今日現在、今年、今月は苦労しようではないか、苦しもうではないか、という思想が日本の根源だということですね。これは近代的な用語で言えば先ほども言いましたが、弁証法の考え方です。正が出れば必ず反が出て、その正と反、つまり肯定が出れば必ず否定が出て、その否定を通しての肯定以外は真の肯定ではない、というのが弁証法の思考過程なのです。これが本当の「日本らしさ」だということを言っています。

日本というのは哲学がない国だと今世界中で言われていますが、逆にあり過ぎて無いように見えるのです。日本というのは建国の思想そのものが、ヘーゲルとかカントの哲学とほとんど近い。したがって、わざわざ哲学というのを創る必要がなかった、というのが日本の思想だと思ってください。無限弁証法というのは否定即肯定、肯定即否定が連続していく。連続しながら、より高いものを目指す。我々生命が持っている悲哀とか生命の悲しさを踏まえて、そういうものを中心によりよいものに向かって行くという考え方が日本の初心にはあるということです。

日本は宗教がいらない

我々の国は出発の時点で既に凄い最先端の哲学を持っていたのです。この日本を創り上げたそもそもの思想を我々現代人は大切にしなければなりません。大切にすれば、日本人は世界で最も秀れた人生を送ることが出来るということです。この否定から生まれる真の肯定という考え方は、日本では紀元前からずっとそうなのです。我々が偉大だと思っている仏教なども日本に来てから全部この思想で貫かれることになりました。だから我々は宗教的と言えばものすごく宗教的なのです。しかし日本はそれを宗教として取り扱わない。普通の実生活として取り扱ったということです。般若心経とか古代インド哲学の『バガヴァッド・ギーター』*というのがありますが、これらは全部弁証法で組み立てられています。そういうものを日本は建国の理想にすでに持っているのです。これは先ほど少し話しましたが、「養正」という考え方がどうして詔で出てきたかということに繋がるのです。それは縄文的な世界唯一の真の民主主義思想と言えるものだからです。一万年を超える縄文時代の島国の中で、ずっと人間が生活してきた知恵から生まれている。だから学問とか芸術もそういうものから生まれてきた。日本の哲学や宗教というのは生活の中から出ているのです。先ほども触れましたが、日本はよく宗教もないと言われますが、宗教はあり過ぎるのです。だから特別には取りざたされない。これは後で説明します。

実は、日本人にはどうして宗教が無いかと言われると、宗教を必要としていないからなのです。宗教を必要としないほど深く宗教心というものが、我々の心の中に打ち込まれている。だから、本当に日本的ということを大切にすると、何か特定の宗教に入信する必要がない。宗教を全くやらないで、キリスト教とか仏教の最高境地を超えることができます。これは私の尊敬する人々や私自身も生きていて実感しているので、間違いなくそうだと断定できます。それは縄文一万年から来た知恵が稲作文明になった時に、それをそのまま建国の理想としたからなのです。だから歴史的根拠とか科学的根拠というのがきちっとある。

民を利する

次に、この建国の詔の中でのことですが、「民を利する」という言葉が入っている。そしてその思想の展開です。漢文では「利民」と書きます。民を利することがこの国の根本であるということを神武天皇が宣言しているわけですね。ある国を創る時に紀元前の世界で、すでに日本は「民を利する」ということを、国家の根源に据えている。それがどれくらい偉大な思想かというのは、歴史を研究すればすぐに分かります。どこも奴隷ばかりで人間が物と一緒に売り買いされた時代で、それが当たり前というのが世界の常識だった。そういう時代に日本は民を利することが国家の権力の根源であると宣言しているのです。ある意味では真の民主主義を思想的には全く先取りしているということになります。だから私は戦後の民主主義にはずっと反対してきているのです。なぜ反対するかというと、そもそも日本には要らないからなのです。

民主主義の考えというのは、日本は昔からもともと持っていた。平安時代もそうだし、江戸時代もそうです。日本は歴史を紐解いてもらうと分かりますが、西洋的な意味で人間を差別していたことはない。日本の、一見差別に見えるものは全部、役割分担と言って仕事上の役割の違いなのです。役割は時代によって違いますけれども、例えば家庭の中で亭主と女房が不平等ということは奈良時代もないし、平安時代もない。家の中で奥さんが強いのは、日本は奈良時代からです。これは日本しかないです。ところが役割分担なので見かけ上は良くないように見えてしまう。役割分担というのは綺麗に人に見せるものではなくて、人生と生活そのものですから。

例えば、西洋の悪口を言うわけではないですが、西洋の動物愛護というのは人に見せる思想なのです。キリスト教が生み出した発想です。だから動物を可愛がっている姿を人に見せることによって、自己宣伝をしているわけです。ところが、皆さんも知っているとは思いますが、本当に犬や猫と生活を共にし、生きるか死ぬかという生活を分け合っているエスキモーなどは、本当に動物を愛しているから厳しく向き合うのです。そして自分と命が同じものだと、一心同体として考えています。生きるも死ぬも一緒です。だから愛護なんかはしません。私はそれが本当の愛情だと思うし、日本というのはそういう国だと思っています。だから表面的には良くは見えない、それは確かです。

私はいま七十四歳なのですが、私自身の幼少期からの生活を見ても、愛情などは父親も母親もあえて表現したことはない。私は母親のことは死ぬほど好きでした。もちろん自分の命よりも断然好きです。そんなことは当然のことなのです。昔の人間は父親もそうですが、母親も死ぬまで愛しているとか、好きだとか一度も口から出たことはない。ただ、私も現代人ですから西洋的な教育を受けているので、やはり自分の気持ちをどうしても母親に伝えないといけないとずっと思っていた。でも最後まで言えませんでした。母親も同じだったと思うのです。それでも母親が自分のことよりも私を愛し、大切にしていたことは本当に小さい時から伝わっていました。今そういう親子は減っているのではないかと思います。減っていくにしたがって、お互いに良いことばかり言い合います。うちはそういうのはなかった。でも愛情は現代の家族よりも深いと今でも思っています。

そういう日本人の生き方そのものが、神武天皇の天業恢弘の理想から生まれたのではないかと思っているのです。つまり利民です。人のために本当に尽くすとはどういうことか、ということです。これは後で詔の原文を読んでもらえると分かると思いますが、この利民ということを「時の間に間に行なう」と神武天皇は表わしている。時の間に間に行なうということは、悪く言うと適当にやるということなのです。この適当ということの中に「誠《まこと》」が潜んでいる、ということを言いたい。大手を振って言うものは、だいたい嘘なのです。だから母親が私に与えてくれた愛情は、この世で最も尊いと今でも思っていますが、本当に適当でした。子供から見ていても、時間が空いた時に適当です。しかし、やはり誠のあるものは分かるということです。

平等が世を覆っていた

時の間に間に行なうということが、私は神武天皇以前の長い縄文時代が生み出した「誠」を表わす言葉だと思っているのです。時の間に間に民を利することを行なうというのは、西洋の文学とか哲学の上では十七、十八世紀になってやっと出てくる考え方なのです。西洋では、このようなヒューマニズムの考え方は、深いところではそうしたほうが得だから出てきた思想なのです。西洋思想というのは、損得で出来ていると思います。しかし日本の場合は、縄文の生活の真の知恵から生まれている。だから私は尊いと思うのです。制度や法は時代に従いながら出来上がるだけで、あまり重きを置いても仕方がない。私は現代民主主義というのが大嫌いなのですが、最近はあまり嫌いでもない。軍国主義も嫌いではないし、要はどうでもいいと言いたい。明治だろうが軍国主義だろうが民主主義だろうが、誠に生きる人はいつの時代でも同じです。これは幕末だろうが、江戸時代だろうが、壬申の乱だろうが、平安時代だろうが、あらゆる文学と歴史を読んで誠に生きる人はいつでも同じです。時代は全く関係ないです。

だから最近は民主主義がどうだとかあまり考えなくなりました。利民という考え、民を利するということの建国の詔にある思想というのは、古代における原始的民主の考え方なのです。民を中心に置くということです。そして日本の歴史を覆う思想へと発展した。これが日本の大家族を創り上げ、根源的平等の社会を創り上げた、というのが根本的な考え方なのです。養正という考え方と民を利するという考え方が、日本の天皇制および大家族制度を創り上げた根本だと思っています。

仏教渡来の遥か以前に、なぜ日本社会は養正とか利民という思想が堂々と言えたかというと、「慈悲の思想」がすでに日本を覆っていたからなのです。慈悲は、仏教渡来の遥か以前から日本を覆っていたのですね。建国の詔というのは至極、単純明快なものです。例えば今でも総理大臣が言うことは、国民の全員が分かる共通認識の事柄でなければ言えないのです。みんなが分からないことというのは、理屈を述べない限りは絶対に分からないですから、説明しなければならない。ところが例えば、今だと総理大臣が「人命は大切ですから」と言えば誰でも分かりますよね。それはヒューマニズムによって人命は大切だと我々は打ち込まれているからです。だから総理大臣が国会で演説する場合、理由は要らないのです。人命は大切ですからと言ったら全部通る。そういう社会的共通認識が世の中を覆っているからこそ言えるのです。詔というのはそういうものなのです。

だから神武天皇がこれを発した時に、日本社会では既に養正とか利民という思想は誰でも分かっていた社会だったということです。理屈ではなく挨拶文のようなものです。つまりもの凄く深いところで仏教の慈悲のような、こういう家族の絆のようなものが覆っている社会だったということを理解してもらいたいのです。日本というのは既に紀元前からそういう状態にあった。先ほど少し言いましたが、その一万年間続いた縄文文明なくしてこの詔はあり得ない。だから突然出たものではないということを理解すれば、日本の初心の深さというものが分かると言いたいのです。

和を以て貴しと為す

私は武士道が好きなので武士道についても語りますが、武士道というとみんな鎌倉時代から出来てきたと歴史では習いますね。しかし私は日本国が始まる前から、少なくとも縄文の頃から、神武天皇が即位した時から武士道はあると考えています。つまり日本人の根源的な思想としては既に存在していた。それを証明するのが天孫降臨の時の天忍日命《あめのおしひのみこと》*の「海ゆかば」という有名な歌です。あれは天孫降臨の時に瓊瓊杵命《ににぎのみこと》*に随伴し尖兵を務めた天忍日命という大伴氏の先祖が歌った歌です。それを大伴家持*が『万葉集』を編纂した時に、先祖の言立《ことだ》て*として入れたのです。それが「海ゆかば」です。「海ゆかば　水漬《みづ》く屍《かばね》　山ゆかば　草生《む》す屍　大君の辺《べ》にこそ死なめ　かへり見はせじ」という有名な歌です。この歌が歌われたのはなぜかというと、武士道が既に日本国を覆っていたということなのです。大君のために命を捧げることが当たり前だということがなくてこんなことを言っても、誰も理解出来ないですから。こういう縄文時代から来た大家族制度が武士道も生み出し、慈悲の心というものを生み出して、日本文明がだんだんと醸成されて来たということです。それから千年以上の月日を経て我々が歴史的にはっきり分かる時代として西暦六〇四年に聖徳太子の「憲法十七条」が出てくるわけです。

　憲法十七条になると誰でも分かるのですが、これほど偉大な人間の理想というのは世界中に本当に一つも例はないです。我々が西洋の民主主義の洗礼を受けて民主主義の発祥はマグナ・カルタ*（大憲章）だということを歴史で習っていると思います。ジョン王*の時にイギリスの貴族が王の勝手にはさせないようにするために議会を作って、一つ一つ議会の承認がないと王も何も出来ないようにしたのが、マグナ・カルタと呼ばれるものです。これが成立したのが西暦で一二一五年なのです。歴史的に見て憲法十七条の六百年後です。日本はそれほど早くから非常に優れた民主的考え方を持っていた。この早熟な憲法十七条は長いのですが、中でも重要だと思われる項目だけを選別してここで説明します。

　まず、大憲章についてはご存知かと思いますが、英国の議会政治の始まりと言われているものです。議会政治の始まりということは、今我々が信奉しているヒューマニズムとか民主主義の原始的発生源なのです。それよりも優れた民主の発生を、そのマグナ・カルタより六百年も前に我々日本人は経験していたということです。その第一条は有名ですね。誰でも知っていると思います。「和を以《もっ》て貴《たっと》しと為《な》す」これが憲法十七条最初の最も偉大な言葉です。これについて仲良くすることが重要だなどと言っている人が多いのですが、そんな生易しい思想ではない。歴史を知っている人は分かると思います。

　日本という国は縄文の時代から一万年、少なくともこの憲法十七条が出来た時代までは、歴史的に見てもこの時代の千年以上前から既に大豪族たちが支配していた国なのです。その大豪族の中の頂点に天皇家があったというだけです。大王家と呼ばれていた人たちです。あとは葛城《かつらぎ》とか平群《へぐり》とか有名な蘇我《そが》とか様々な氏族がいます。それに大伴とか物部《もののべ》など、あのような大豪族が集合して創っていた国なのです。まだ憲法十七条の紀元六百年の頃というのは天皇家もその一員でしかないのです。もちろん大王家なのですが、その中の一番頂点にいたということです。

　だから、この「和を以て貴しと為す」というのは、氏族社会の和ということである。つまり、歴史を背負う大家族の代表である大豪族同士の和ということなのです。大豪族というと縄文から何千年と自分たちの生き方を持っている集団ですから、今の外国よりももっと外国同士のようなものです。全く話も通じないぐらい生き方が違う豪族の集団なのです。そしてもちろんあの頃の交通事情ですから、山を一つ越えたら交流も一切ないわけです。そういう大豪族が話し合いによって政治を行なっていこうではないか、ということを聖徳太子は言っていた。そこが偉大なのです。

憲法十七条は未来を創る

聖徳太子の時代の日本は、今の中国だ、韓国だ、ロシアだ、何だという問題よりももっともの凄い差が豪族同士で存在していた。私が言いたいのは、この憲法十七条というのは今の民主主義の根源であると同時に、完全なる独立思想の考えを持つ者同士の話し合いだったということです。憲法十七条というのを深く研究していくと本当に全く関係がない、全然違う思想を持った人間同士でも和することが出来るのだ、ということを言っている。また、現に日本は歴史的にそれを成し遂げたのです。奈良時代以前の歴史を克明に研究しますと、本当に大豪族たちの、一つの天皇を中心とした国家を創るための努力というのは涙ぐましいものがあります。自分たちの価値観やいろいろなものを捨てたり調整したりしながら他と和する、それを聖徳太子が推進したということなのです。

さらに言えば、これは数千年の歴史を現実的に融合した思想ですから、私はこれからの人類が生き残る根源思想にも成り得ると思っているのです。この憲法十七条の思想を本当の意味で復興しない限り、今の科学文明を見たら皆さんお分かりだと思いますが人類は生き残れないです。原爆、放射能、あらゆる問題に対するための思想です。

今の核兵器ひとつ見ても絶対に話し合いはつかないようですが、真剣になれば話し合いはつくのです。あんなもの昔の大豪族の違いに比べたら、核兵器を持つか、持たないかなんてどうでもいいぐらい小さい問題なのです。自分が何かの欲を捨てれば簡単に出来る。でも、今は出来なさそうに見えるでしょう。これは神武天皇の理想とか天業恢弘の理想とか聖徳太子が日本国を創るために苦労した憧れ、理想を我々が忘れたからなのです。だから不可能に見える。でも、私は歴史上できたことなのだから、不可能だとは思っていないのです。だからこの憲法十七条が人類の未来を創る大思想だと私は思っているのです。

一番重要なことは、これが単なる仲良くするということではないということです。これを日本人が仲良くするというように単純に解釈すると、自分の意見を持たないとか、何もしないなど愚かなほうに行く場合も多いです。そういう意味では決してない。却って独立自尊といって、自分の思想を徹底的に固めないと本当に他人と和することは出来ない。徹底的に思想が違う人間がどういう風に一緒に暮らすか、ということが和するということなのです。

今は同じ意見の人と結婚していますから、そういうのは分からないと思いますけれど、うちの父親と母親の結婚で私などが小さい頃から見ていて素晴らしいと思うのは、見合いでもわざと違う人間を合わせるということです。これは仲人がよく分かっていて、夫婦は全員意見が全く逆で違う人同士を組み合わせる。男と女は特に違う相手が良い。うちの父親と母親もそうでした。だからあらゆる意見が全部違う。意見が全部違うから毎日夫婦喧嘩です。毎日喧嘩をしているけれども、父母の世代までの人が言っていたのは、夫婦というのはいがみ合っていても、殴り合っていても、毎日喧嘩していても、いいのだと。同じ墓に入ればいいのだと。同じ墓に入ればそれが立派な夫婦なのです。だからうちの近所の人も毎日殴り合いの喧嘩をしていましたけれど、離婚した人はいないです。私が小さい頃までは、ですよ。私はやはり何か日本的な考え方が生きていたのだと思います。

人間は意見など合わせる必要はまったくないのです。意見が違っている人間同士がどう折り合いをつけるかという点では、日本人が世界で最も優れた考え方を持っていると思います。それは神武天皇とか聖徳太子とか、こういう人たちから来る理想なのです。この「和を以て貴しと為す」というのは、後に重要な神仏習合*とか源平以後の群雄割拠の新しい武士道を生み出すことになるのです。

「恩」から「敬」へ

次に参考として挙げているのが「詔を承けては必ず謹め」という憲法十七条の第三条の項目です。どうしてこれを挙げたかというと、詔を承けたら必ず謹め、ということを憲法の条文に挙げられるということの民度の高さを言いたいのです。このようなことを言っても仕方がないのならば入っていません。本当にどうしようもなかったら入れないのです。やはり入れておけば価値があるから入れた。それはどういうことかというと、既に天皇制がある程度確立してきて天皇の詔があれば、全国民が良い意味で言うことを聞く社会が出来上がっていたと思うのです。

詔は上から発されますから、あの時代で言うと天皇からです。天皇が発した詔はいろいろな政治家を通って、あの頃だと大家族の戸主に来て、それから家族に伝達される。「詔を承けては必ず謹め」が円滑に行われていたという歴史的事実があるわけです。それが意味するものというのは恩の思想です。恩というのは上に対する感謝ですから、感謝を実生活の形で表すという意味が恩です。その恩の思想が日本社会に浸透していたということなのです。恩が浸透していなければこの条文を入れることはできなかったと思います。

第四条も同じ意味で取り挙げたのです。「礼を以て本とせよ」です。礼というのは今言った恩を行動の形で表わしたものが礼です。つまり目上の人間と付き合う付き合い方です。親とか親子、家庭で言えば親子の序列、それから村長と村民の序列とか政治家との序列とか。そしてその頂点に天皇がいたということです。この序列がはっきり出来上がっていたと思います。当時は西洋も同じですが、外に一歩出たら身ぐるみ剥がれるというのが普通でした。アラビアあたりも全部そうです。私は世界中の文献を調べていますが。この紀元六百年の頃に、恩と礼が全国民を統合する憲法の中心に据えられたという国はないです。その偉大さを言いたいがために取り挙げたのです。偉大という言葉は間違いかもしれない。尊さというか、それが日本社会は既に浸透していた。これは縦の垂直を仰ぐということに尽きるでしょう。恩が確立していなければ意味をなさないのです。天と地を敬い、先祖を仰ぐ、こういう恩の垂直行動と言いますが、これが全部出来上がっていたということです。

そして後に、この思想が日本の中心思想である「敬」へ行く思想を作ったということです。この敬への思想というのは垂直を敬《うやま》う思想なのです。これが現在まで日本人の私も含めて魂を律している考え方なのです。「敬」があるから今でも天皇陛下がいるわけです。「敬」がなくなったら皇室も何もない。紀元前から続いている最も尊い家柄をいただいている国家など世界中どこにもないですから。どうして日本にはあるかというと「敬」があるからなのです。

今の日本からは失われていますが、言葉も一番重要視されたのが敬語なのです。『源氏物語』など読んでいると敬語だけで書かれているようなものです。『源氏物語』は好きでよく読みますが、主語が書いていない。主語が書いてないので、誰が誰に喋っているのか分かりにくい。私もだいぶ敬語を勉強してきたので、ほんの微妙な社会的地位の差とかで敬語が全部違うということが分かった。だから敬語が分かると誰が誰に対して喋っているのか全部分かる。日本というのはそういう国なのです。これが逆に言うと、垂直の「敬」がない人にとっては面倒臭い国だということになる。これは面倒臭いのではなくて、とてつもなく尊い思想だということを分かって頂きたいと思います。

私なども自分の人生で一番良かったことは何かというと、やはり私がまだ小さい頃には親というのは絶対でしたから、中学生や高校生になるぐらいまでは、とにかく親に対する敬の思想、親を畏《おそ》れる思いというのは凄かった。私は割と言いたいことを言うので誤解されやすいのですが、父親にも母親にも死ぬまでただの一度も口答えをしたことはないです。これは本当です。死ぬ日の死ぬ瞬間まで、父親が九十六歳、母親が八十九歳で亡くなるまで、父母に一言も口答えをしたことはないのです。

言い付けを全部守ったとは言いませんが、言い付けを守らなくても口答えはしない、というのはとてつもなく知恵がいるのです。それで私は相当頭が良くなりました(笑)。親に反抗をしては駄目ですから、口答えしなくても自分のやりたいことはやりたい。これが知恵を生む。だから「敬」の思想を持って垂直を仰いでいる人は会社では上役にはやっぱり反抗出来ない。反抗出来ないけれど自分の意志は通す。これがどれぐらい人間を発展させるかということです。すぐに人に言い返す人は駄目です、そこで終わり。脳は何の発展もない。そういうことも知ってほしいのです。それで、この敬の思想が出来ることによって日本社会はそれ以後「商道」とか「孝行」の思想を生み出していった。どれぐらい「敬」が重要かということです。この条文が、縄文からの日本の安定社会から生み出されたということを分かって頂きたいと思います。

誠は理の本なり

さて第九条「誠《まこと》は理《ことわり》の本なり」について考えたいと思います。これも本当に世界唯一の思想ですね。「誠」というものを憲法、法律の根源に据えたという国は日本しかない。誠なんて取り止めがないですから。要するに人間の本当の真心、思い、これらをすべての法律の根源に据えた。だからこれはいい加減には捉えられない、大変なことなのです。私はものすごく尊いことだと思います。世界中ほかに一国もない。今の日本ではもはや誠など何も通らないです。そういう国になってしまった。今は堕落してしまっている。しかし、過去の我々の先祖の国は、誠というものをあらゆる法律の頂点の、憲法の条文の中心に入れたのです。この尊さを分かってほしい。

誠とは魂と生命の最も深い思いなのです。そのような摑みどころのないものを、国の思想の根本に据えたことの凄さを伝えたい。また、据えることができた当時の国民の民度です。民度がなければ据えることはできません。その歴史的偉大さを考えずにはいられない。これも根本に据えた国は世界の歴史で見ても政治的にはないのです。誠というものをすべての根本に据えたのは世界で言えば大宗教だけしかない。キリスト教、仏教、そういうものが誠を持って生きることを根本に据えた。だから先ほど日本には宗教は要らないと言いましたよね。日本は本当に要らないのです。

他の国は宗教と政治で役割を変えたのです。宗教が誠のほうを取り扱って政治は苛烈というか、そういう部分を取り持った。中国で言えば「韓非子」*と「戦国策」*ですし、同じく西洋とかイスラムの国も全部そのようなものです。歴史を調べれば分かります。しかし日本というのは誠が政治の中心になった。つまり、宗教は要らない国ということなのです。宗教が既に法律であり生活になっているということを言いたい。宗教的基盤を持たない誠を、国の中心にしたのは日本だけであるものの、日本には聖典がないのでその尊さがまだ分からないのです。山本七平《やまもとしちへい》*という文明批評家がいたのですが、その人の言葉で言えば「日本教」と表わされるものです。日本人には元々日本教があるのだと言っていましたが、本当だと私は思います。

それで、今言った誠を中心に据える考え方が出てきたのは西洋で言えば有名なカントです。しかしそれも十八世紀のことです。二百五十年ぐらい前のことです。私の好きな言葉で、西洋ではカントが人間の「無目的の合目的」と『判断力批判』に書いています。つまり人間の素直な心から出て来る考えが一番正しいのだという思想です。これは原語で言うと、「Zweckmäßigkeit ohne zweck：ツヴェックメーシヒカイト・オーネ・ツヴェック」という言葉です。この「無目的の合目的」つまり「誠」という思想が出てきたのが、西洋ではカントからなのです。この「無目的の合目的」という考えを太古の昔から据えたのが日本だということです。

例は悪いのかもしれませんが、「誠」というのがどれぐらい尊いかというと、新選組*というのが幕末にありましたが、尊皇攘夷*を大義名分に乱暴狼藉をはたらいていた浪士を斬るために出来た集団です。治安維持のためとはいえ、ある種の殺人集団とも言えなくもない。その新選組がまさに「誠」という旗を立てていました。私は新選組が好きなので、映画も小説も全部読んでいますけれども、「誠」を立てた偉大さを思わずにはいられないです。最も凄惨な戦いと人殺しのために作られた、最も歴史的に有名な集団です。その彼らが「誠」の旗を立てている。全然、大義としては勇ましくない。私はそういう生死の場でも「誠」を中心と出来る国柄を素晴らしいと思うのです。つまり、日本の思想は「誠」という概念によって、思想そのものが無いほどに深いということです。

「誠」があるので思想を立てる必要がないというか、宗教も要らない、思想も要らないという国が日本なので、悪く出ると怠け者になってしまう。よく出れば最も深い生活と人間の生命の知恵があるいうことです。この生命の知恵というのは今言ったカントの言葉の「無目的の合目的」です。生命にとって一番正しいのは、好きこそものの上手なれと言われるように、何かやりたいとかそういうのは間違いで、生命というのは自分が本当に思っていることが一番正しいのだということです。これが「誠」です。「誠」こそが、後の日本の家制度とか武士道、それから商道、それから学問を生み出した。ここで難しいのは善悪正邪の超越です。この点だけは修行をして、昔の日本語だと「塩梅《あんばい》」という言葉がありますが、良いことと悪いことの塩梅を、自分の中で苦悩しながら調整しないと上手くいかないのです。

日本らしさを作っている根源的な思想が、今言った神武天皇の詔と憲法十七条となりますが、この二つだけでも深く考える習慣をつけたら、日本の考え方、日本らしさについてまず分からないことはなくなります。この二つから出ていないものは一つもないと言えるほど重要ですが、さらにもう一つ言えば、「五箇条の御誓文」というものがあります。五箇条の御誓文というのは、明治帝が維新を迎えるにあたって発した偉大な思想と言えます。神武天皇と憲法十七条の精神をそのまま受け継いだ新日本を迎えるに当たっての根源的な憲法として、明治帝が国民に付与したのが「五箇条の御誓文」です。日本的民主主義の精華とも言うべき思想です。それも神武天皇と憲法十七条から来た真の日本の思想だということをここで認識して頂きたい。

五箇条の御誓文

日本は明治維新を通過することにより、真に近代国家としての出発を成したと思います。日本はその近代の出発に当たって、いま言ったように五箇条の御誓文という世界的な大思想を打ち立てていたのです。明治帝によって発布され、これが明治以降の日本の基本的な制度や文化を牽引することになるのです。この御誓文は、神武天皇の詔と聖徳太子の憲法十七条の伝統をそのまま引き継いだ日本精神の精華とも言うべきものと成っています。私はこのような民主的な精神によって、新しい立国を行なおうと真剣に決意した国を日本の他には知りません。何の政治的意図もなく、純粋な国体から国家の生き方の基本が生まれたのです。

この思想は、近代社会に適合する型での「和」と「敬」と「誠」のすべてを含んでおり、十九世紀の世界を完全にリードする秀れた国是と成っています。まさに、日本の歴史が元々世界に冠たる民主的な歴史に支えられていることが証明されていると言ってもいいでしょう。これが真の日本国の憲法なのです。私はこれを見るたびに新生日本の「初心」とも言うべき清らかさと美しさを感じているのです。つまり、「誠」というもののすべてが備わっている思想とも言えるのです。現在に至るまで、日本人はこの御誓文の思想の通りに生きれば、それだけで日本人としての生き甲斐のある人生を送れることは間違いありません。

それでは一文ずつ見ていくことにしましょう。まず「広く会議を興《おこ》し、万機公論《ばんきこうろん》に決すべし」という文言があります。これこそが武士道の名残りを残したままの、真の意味の個人の独立自尊を誘発する考え方だと私は思っているのです。国を思う真の意見を取り挙げて、国家を創る理想を感じますね。次に「上下心《しょうか》を一にして、さかんに経綸を行なうべし」というものがある。これは国民一人一人の豊かさ（経綸）を求めることが国家の使命になることを宣言しているのです。日本独自の伝統を深く感じざるを得ません。

そして三番目に、「官武一途《かんぶいっと》庶民に至るまで、各々その志を遂げ、人心をして倦まざらしめんことを要す」とある。明治の息吹きが渦巻いています。国家が国民一人一人の革命的精神の育成を願っているのです。つまり真の人間力の開化こそが国の発展の基だと言っている。家族主義の国家にしか宣言できない思想です。そして四番目、「旧来の陋習《ろうしゅう》を破り、天地の公道に基づくべし」です。ここに、日本国家は科学的立国を宣言しているのです。自国の優位だけを言うのではなく、真実に基づく国家にしたいと明治帝は言っているのです。これも他の歴史には全く比すべきものの無い秀れた思想だと考えています。

最後の五番目ですね。「知識を世界に求め、大いに皇基《こうき》を振起《しんき》すべし」とくくられている。これは先の四つの思想をすべてひっくるめて、すべてを日本の歴史に基づいて行なっていきたいと思うという明治帝の思想を表わしています。いま簡単に説明して来ましたが、これほどの基本的思想を以って近代の出発を迎えた国はありません。このような秀れた思想が明治維新において発布できたこと自体が、神武帝の詔や憲法十七条の伝統があってこそと理解しなければなりません。日本は古代から近代に至るまで、世界屈指の民主的思想によって立国されて来た国なのです。簡単な通覧ですが、そのことを分かって頂ければ私も本当に嬉しいです。

神仏習合

さて、それでは今まで見て来た日本の思想というものの、現実的な適用ということを考えて行きたいと思います。つまり日本を貫徹する大思想が、歴史的に我々の生活や文化にどのように作用し影響を与えたかということですね。まずは「神仏習合」という日本独自の秀れた文化について考えていきたいと思います。

日本の伝統思想の中で一番重要なものは「神仏習合」という思想です。「神仏習合」というのは日本民族が生み出した世界的な業績だと私は思っています。世界の歴史を見ても、文明と土着*文化の真の融合に成功した国は日本をおいてほかにないということです。神仏習合とは何かというと、神仏だけではなくて何もかも全部融合しているということです。だから日本人というのはいい加減に見られるところもある。キリスト教もすぐ受け入れる。何でもいい、仏教も受け入れる。禅もやる。それから私もそうですが、願い事があれば神社に行くし、初詣も行く。ちなみに私はすごく宗教心が厚いと自負して、自分では宗教心の塊だと思っているほどです。それでもキリスト教も大好き、仏教も大好き、神道も大好き、神社も大好き、お寺も好きで、そういうところばかり行っていますが、全然違和感はない。

私は小学校から大学まで立教の一貫教育を受けているので、キリスト教の学校にずっと通っていました。というわけで私はキリスト教も好きですし、洗礼まで受けていて、一応キリスト教徒でもある。ところが死んだら先祖代々うちの宗派は浄土宗なので、浄土宗の墓に入ります。イエスの思想も好きでキリスト教の研究もしていますが、なぜわざわざ日本でキリスト教の墓などを建てるのか分からないのです。日本は誠で生きればいい。キリスト教も誠で信じ、仏教の良いところも誠で信じ、神道も信じ、氏神様も信じ、親も信じ、というのが日本的な誠です。キリスト教の洗礼を受けたら仏教の墓に入る人間はおかしいと言った人がいますが、私はそういう考えを教条主義だと思います。頭が固い。私は全部平気です。

私はミゲール・デ・ウナムーノ*というスペインの哲学者が書いた詩で『ベラスケスのキリスト』という偉大な瞑想詩が好きなのです。これが好きで日本で翻訳が出ていなかったので、社員でスペイン語が得意な者と共同して翻訳をして出版をしました。これはキリスト教文化の最も偉大な書物の一つなのです。それが出来た時に神様に感謝の報告で行ったのが目黒不動尊です。「目黒不動尊様の力でやっと『ベラスケスのキリスト』が完成しました」と。まったくこれに違和感はないのです。私にとってはキリスト教の本質も、目黒不動尊の本質も要は誠なのです。キリスト教の本質も誠です。これは仏教もそうです。これに拘《こだわ》ったら日本人ではなくなってしまいます。拘らないのが日本人なのです。そう思っておいてください。「神仏習合」と簡単に言いますが、世界中でも外国から入ってきた宗教と、土着文明が仲良く合体して当たり前に生活している国は日本だけです。宗教は外国から入れば必ず戦争と殺し合いです。日本はついでに新興宗教も沢山存在している。家の宗派があって、プラスでキリスト教を信じて、そこにまた何かで感心すると新興宗教にも入ってしまう。これはいい加減に見えますが、日本人の尊いところだと思っているのです。そして誠がある人ほど自由にいろいろな宗教をやっています。宗教に拘る人は日本では「誠」はない。何か自分を誤魔化そうとしています。

平和的融合があったのは本当に偉大な業績だというのを、いま一度確認して頂きたいのです。そして日本人の持つ「誠」と「敬」と「和」がこれを成したということです。「誠」と「敬」と「和」がなければ、平和的融合はないということです。ついでに言うと、明治維新に西洋の真似をして、神仏分離を日本は経験した。これは日本史上最大の失敗です。だから今は神道だ、仏教だ、お寺だ、神社だ、と騒いでいる人間がいるのは、単に明治の役人が西洋かぶれして、神道と仏教を分けたからなっただけなのです。要は法律で決めたことで、人間の誠から出たものではない。日本では神道も仏教も同じです。また明治のキリスト者内村鑑三*は、日本の真のキリスト教は、武士道に接木《つぎき》されたキリスト教、つまり武士道的キリスト教だと言っていました。

神仏習合は真に独立した文化と伝統そして思想が合体したものです。これも憲法十七条の先ほどの一番偉大だった未来思想と同じです。「和を以て貴しと為す」と。この神仏習合という思想はこの考え方だけが人類の未来を築きます。人類の未来を築く未来の思想、未来哲学は今言った「和を以て貴しと為す」という思想と、「神仏習合」という思想です。これ以外はない。だからこれをどう世界に発信していくか、これがこれからの日本の務めだと私は思っています。要するに神仏習合は、未来の世界哲学「真の霊性文明」と私は思っています。これから二十一世紀は霊性の時代になるということは偉大な作家であり思想家アンドレ・マルロー*や、偉大な心理学者のカール・グスタフ・ユング*なども皆言っています。もうゴッドがなくなって二十一世紀からは霊性文明になるだろうとマルローも言っている。そしてマルローは、もしならなかったら人類はなくなるだろう、とまで言っている。それぐらい我々は危機に瀕しています。この霊性というものの中心が私は「和を以て貴しと為す」と今言った「神仏習合」だと、これぐらい日本思想というのは将来の世界平和にとって重要だということです。

日本的家と商道

思想の現実的適応として、次に日本的「家」のあり方を考えていきたいと思います。これは「誠」と「敬」と「和」が垂直を仰ぐ生き方を生み出し、真の日本的大家族を作ることが出来たことに起因しています。日本の先祖崇拝は日本の宗教であり、学問であり、生き方そのものである。これが「孝行」の思想を生み出したのです。これは今失われつつありますが、日本には神話と皇室を大切にする気持ちがあるのです。皇室を敬う気持ちさえ失わなければ、今は核家族になっていますけれども、日本は大家族の根源を失いません。皇室がある限り大家族制度というのは失われない。元々皇室というのは大家族の頂点ですから。あとはやはり神話です。『日本書紀』とか『古事記』とか、こういうものを本当に大切にしていくには、何とか我々は努力していかなければ駄目です。家族制度をもう一回やり変えようとか、そんな必要はないと思います。いままで見て来たような日本的な考え方を重んずれば、おのずと「家」意識は承け継がれていくのです。

さて次に、日本的「商」のあり方について見ていきましょう。今言った偉大な思想が日本では「商道」というのを生み出している。その中でも「石門心学《せきもんしんがく》」*というのが日本の商道の代表です。日本の「商」というのは商売ではない。人に仕える思想です。「孝行」の思想とも呼ばれるもので、人に仕える思想なのです。それが「石門心学」の中心思想となる。これが日本の商売というものの思想を築き上げています。日本にはアメリカのように慈善事業家はほとんどいなかった。日本人は慈善事業などする必要がない。自分の商売や務めに精進していれば、世のため人のために尽くすことが出来るシステムが日本社会なのです。

現役を退いてから、それこそボランティアだ、慈善事業だなどと最近では流行っていますけれども、昔はこういう人はいない。ある種の慈善事業が日本では商売の中にそのまま元々入っているのです。孝行の思想とも言いますが、これが日本の商売です。アメリカなどは、ビジネス、金儲けは悪い方法でも何でもいい。だから儲けると、天国に行きたいから、だいたい引退して慈善事業をやるのです。それがアメリカという国です。大企業家と言われるカーネギー*もロックフェラー*もそうです。ロックフェラーなどは乗っ取りをして、スタンダード石油を作るのに何百人と自殺に追いやったと言われています。多くの業者に首を吊らせて作ったわけですが、それを悪いとは思わない。ビジネスだから仕方がないと思っている。しかし引退すると悪かったと分かりキリスト教思想に基づいて慈善事業をやる。私などは全然慈善事業をやることを考えてもいません。ボランティアも全く関心はない。人の手伝いも大嫌いです。よく言えば自分の人生そのものを世のため人のために捧げようと思っています。何かを取り立ててやるということではなくて、です。だから私は日本人的なのだと思います。

学問と武道のあり方

次にお話したいのは、日本的な「学」と「武」のあり方です。まずは「学」から説明します。日本の学問というのは理論的な研究よりも愛情を重んじている。これが分からないと日本の学問は分からないのです。対象に対する真の恋心というものを大切にしています。対象物に対する真の恋心というのは誠からしか出てこないのです。本居宣長《もとおりのりなが》*という有名な学者がいます。『古事記』

『源氏物語』は、本居宣長の研究があったからこそ、今我々は『古事記』と『源氏物語』を読むことが出来る。本居宣長が江戸時代にいなかったら、我々はこの二つの古典は読むことも出来ないのです。この宣長が『古事記』と『源氏物語』を読んでいる様子が、弟子などの報告で書かれているのですが、いつでも涙を流していたそうです。自分の研究対象と向き合うたびに泣きながら研究しているという学者が、一流の学者だったという国は世界中で日本しかない。

ただ、現代では西洋の学問に犯されているので、本居宣長は学者としては非常に批判されています。それは『古事記』と『日本書紀』を愛していたから、あの人の追求の仕方は学問的ではないと、今の学者の中で言う人もいるのです。これはとんでもない。日本は愛することによって、恋することによって学問が成り立つ国なのです。これは今日を機会に覚えておいてください。恋する対象以外は、本当の意味で日本では学問にはならないということです。

折口信夫《おりぐちしのぶ》*という偉大な学者がいて、この人が『現代襤褸集《げんだいらんるしゅう》』という詩集を出しているのですが、この中に「日本の恋」という詩があるのです。ここに「恋の亡《ほろ》びた日本なぞ、どっかへ行了《いっちま》へ」という一文があります。私はこれが好きで、恋心を失った日本人というのは誠を失ったということですから、それを表わす言葉だといつも思っているのです。私が好きな武士道は『葉隠』*ですが、その中でも一番重要な生き方として提唱されているのは「忍ぶ恋」です。「忍ぶ恋」の尊さが分からなければ、武士道は分からないとはっきり山本常朝*が書いています。恋は忍ばなければ駄目です。口に出すのは日本的ではないのです。最近、純愛の文学なんか読む人もいないので困っています。私は文学が好きなので純愛の文学を若い人に紹介していますが、よく聞き返されるのは「これ、何が書いてあるんですか?」と、本当にそれぐらい今、恋とか愛というのが分からなくなっている。これにはかなり危機を感じます。

そして日本的な武士道の「武」のあり方です。日本の大家族主義が生み出した日本の武士道は勝つことにはあまり価値を見出さない。この思想も世界で唯一だと言えます。勝つためにやらない武道というのは日本しかない。それよりも命懸けで何かを守ること、そして忠義を尽くすことに価値を見出している。日本の武士道というのはそうなのです。山本常朝も『葉隠』の中ではっきりそう言っています。全く勝つ必要はないと。どう死ぬか、どのように忠義を尽くすかが、自分が武士道を貫徹出来るかどうかの違いなのだということです。

これは武士道が始まった大伴氏の言立《ことだ》てとして伝わる「海ゆかば」の思想とずっと同じです。日本というのは本当に世界に唯一無二の思想、誠が作り上げた戦いの哲学です。これに似た思想は、西洋ではキリスト教が頂点を極めた中世には一時期あったのです。それが十字軍*です。十字軍の意義について聖ベルナール*という人が起草をしているのですが、非常に日本の武士道に近い。勝つことよりももっと尊いことのために、戦いの意義があるということです。だから今流に言うと、日本は元々本当に軍隊というのは要らないのです。専守防衛です。攻められれば戦うという、そういうものが日本の武士道だということです。

未来を創る世界哲学

今まで話したことの総括として、日本思想の原点は何だろうかということを最後に考えていきたいと思います。「誠」と「敬」と「和」といった、これら一つ一つの思想に生き、そして死ぬことへの美学を持つことが日本人の生き方を創り出しています。日本というのは「誠」もそうだし、「敬」もそうだし、「和」もそうなのですが、一切これらの思想の中には、成功とか幸福などは入っていない。だから我々は今当たり前のように成功したい、幸福になりたいと言っていますが、その考え方自体が西洋思想の汚染なのです。人生というのは成功なんかする必要はない。幸福になる必要もない。一生懸命生きればいい。自分が親から与えられた命を使い切ればいいのです。ぶつかって、体当たりです。それが日本思想なのです。

そうではなく、途中で輝きたいとか、幸福になりたいとか、成功したいというのは全部西洋思想なのです。それらが強烈に明治から入って来ました。今やもう当たり前のことだと思われていますが、当たり前ではないということだけは覚えておいてほしいのです。私が「人生は幸福になる必要はないのだ、成功する必要はない」と言うと、みんなから変人だと思われる。全然変人ではないです。なりたいと思っている人のほうがどちらかというと変わっている。日本人はそんなことは思っていないのです。

私は自分の先祖でも、少なくとも祖父母および曾祖父母および高祖父母の人生を見聞きし知っていますが、成功や幸福などということは全く思ってないです。自分として出来ることを最大限やって死ねばいいと全員が思っています。これは生き方と業績を調べたり、見たりすればすぐに分かります。成功思想はゼロです。あとは幸福思想もないです。少し余計な話になってしまいますが、私は現代社会で一番失われたものは何かというと「不幸の思想」だと思います。不幸を許容する考え方を持った社会ということです。今の社会は、教育でも不幸になっては駄目だと言うのです。そんなことはとんでもない。不幸を許容して、不幸を抱きしめる社会でないと駄目なのです。不幸であっていい。それでも人生というものは良いものだという思想です。重要なのは誠なのです。自分として精一杯やるということです。精一杯生きたなら不幸でいいということです。私は自分でもそう思って生きています。成功なんかとんでもない話です。私は望んだこともない。今は良くなければ駄目だという社会です。そしてその反動としての慈善思想です。不幸でもいいと思っていても、私はあまり不幸ではないのですが、これは家族にもそう言っているし、社員にもそういつも言っています。それが誠ということの重要な点だということで、私は皆さんに今日知ってほしいのです。

これは日本的な考え方としては、言葉としては「柔よく剛を制する」という思想に行き着きました。私などはまだ日本人としては落第のほうで、これほど一生懸命しゃべる人は、本当は駄目なのです。分かってはいるけれどやめられないというのも人生でこれは事実です。でも駄目だということは分かっています。これほど声を大にしてものを喋るなどというのは、本当は日本人のやることではない。私の祖父などは、死ぬまで一言も喋らなかった。祖母は祖父の声を知らないほどでした。結婚してから死ぬまでよければ首を縦に振る、嫌だったら横に振るだけなのです。だから私が祖母に祖父の声を憶えているか聞いたら「知らないよ」と言っていました。曾祖父母もそう言っていたと聞いています。それが日本人なのです。したがって日本的なすべてのものは「誠」を基準に持ち、すべての現象に対して忍ぶことによってその真価を発揮するのです。だから喋らないということは忍ぶということです。基準は「忍ぶ」ということだと覚えておいてください。これが日本人にとって重大なことなのです。

先ほども言ったカントの「無目的の合目的」といったものです。カントが人間の理性の中心だといったものが日本人はこの「誠」という「無目的の合目的」なのです。誠があれば全部が正しいことになる。不幸であってもいいのです。成功なんて問題外です。本当に不幸を受け入れなくなった社会、それが今の若者の無気力と登校拒否などを生み出していると思っています。明るくなければ駄目、成功しなければ駄目、友達がいなければ駄目。友達など全く必要ないです。暗くてもいい。誠があれば、それでいい。

今だって私などは、付き合いはないですよ。友達が必要だなどとテレビでも学校でも言っていることも自体が、西洋思想なのです。友達は要りません。これは絶対的に断言できます。私なども全然要らないのですが、勝手に友達だと言う人もいるので迷惑しています。耐え忍びそのまま死ぬというのが、私は日本人の一番いいところだと思います。それが日本人の最も清らかな生き方を生み出すということです。私が講演などをすると、内容が過酷だと言う人が多いです。しかし過酷だと思うこと自体が西洋思想の汚染です。当たり前に我々の先祖の誰もがそう思って来たということを、確認して頂きたいのです。

最後になりますが、この機会に「誠」という考え方を守ることが、真の「尊皇攘夷《そんのうじょうい》」の考え方に繋《つな》がるということをお伝えしておきます。吉田松陰*が言った本当の思想というのは、人間が持っている誠を守り抜いて、自分の誠の通りに生きる生き方をする。そういう生き方を守ることです。実は外国と戦争をすることでもないし、極端に言うと天皇陛下を尊敬することでもない。尊皇攘夷と言いますが、実は日本人が日本人らしく生きるための詔を創った神武天皇の大思想とか憲法十七条の大思想、そして明治帝の五箇条の御誓文ですね。こういうものを守り抜く、これが真の尊皇攘夷だということなのです。

吉田松陰や西郷隆盛*が言う「尊皇攘夷」の真意はそのようなものだと、私が研究してきて間違いなく確信していますので、そう思ってください。それでこの尊皇攘夷の考え方というのは、私は先ほど「神仏習合」と「和を以て貴しと為す」でも言いましたが、本当に人類が生き残る真の未来をつくる世界哲学だと思っています。その世界哲学を我々の先祖は何気なく普通の歴史として築き上げたということです。そういう風に今日は思ってくだされば、とても嬉しいです。今日は日本講演新聞の三十周年を記念した講演会で、真に「日本的」であることの意味と、また未来へ向かって我々が突き進むための思想をお話しできましたこと、大変良き日になりました。ご清聴ありがとうございました。

2

理想に生きる

理想を一番上に

今ご紹介に与《あずか》りました執行草舟です。よろしくお願いします。今日は、ハリウッド大学院大学の晴れがましいこのような場所で講演が出来るということで、非常に緊張しているところです。ハリウッド大学院大学の山中祥弘《よしひろ》学長や外山《とやま》公美《きみよし》学長補佐、松下政経塾の金子塾頭を始めとして関係者の皆様にいろいろお世話を頂きまして、本日、このような講演をすることが出来ることとなりました。ここまでわざわざ来て下さった皆様に、そしてオンラインで参加されている方々に心より御礼申し上げます。本当にありがとうございます。

まず本日は、「日本的経営」と題された一連の講演のうちの一つなのですが、そのタイトルの前提となる、もっと基礎的なことを話したいと思います。「日本的経営」にとって、一番大切なものを、自分の人生から割り出して今日は喋ろうと思います。それが今回、私が掲げた「理想に生きる」ということです。一番大切な人生観は、本当の理想を持つことなのです。理想というものが、何にも換え難く人生で一番大切なのです。しかし、ここを多くの人が誤解していて、「理想は理想、現実は現実」のようにまったく別なものとして捉えている方が多い。だから、今日ここで理想が実は人生の本体なのだということを、私の研究してきたこと、また自分の人生の経験から、確信を持っていることを喋りたいと思います。

私は今七十四歳です。その自分の人生で何が一番良かったかと言うと、自分が武士道を好きで、子供の頃から『葉隠』という書物を信じ、それを自分の死生観の理想とし、そのように生きそして死にたいと思って今日まで生きて来ただけの人間だったということなのです。自分の人生で良かった事を一つだけ挙げろと言われれば、この今日の演題である「理想」に生きて来たということだけなのです。

私自身は失敗ばかりの人生で、あまり人に自慢できるような人生ではありません。それでも、思春期に抱いた理想というのは一日も忘れずに、今日も自分の最も大切なものとして、毎日恋焦がれていると言うか、それだけは自分の中では「誇り」に思えるのです。皆さんも、それぞれの運命に沿った人生を送るわけです。その自分の運命の一番高いところに、ぜひ自分なりの理想というものを置いてもらいたい。理想は自己の人生の中で、一番高いところになくてはなりません。それでなければ理想ではない。そして理想を信じて、そのために生きるということですね。そのやり方というか、内容というか、そういうものを話したいと思います。

清く美しいもの

まず、理想とは何かということです。理想、理想と言いますけれど、そもそも基本的なことがきちんと分かっていないと、うまく自分の中で処理できません。ですから、最初に理想とは何かということを喋りたいと思います。

少し難しいのですが、理想ということを定義したいと思います。「理想とは、人類がこの世に誕生した根源的実在を言う。それは肉体を超越して、魂の進化に向かうことを促す働きを持つ。そういう清く美しいものを言う」ということです。一言で言えばこういうことなのですが、まず人間として生きるには、「人間とは何か」ということですね。これが実は、この現世を生き抜くのには一番大切になる思想なのです。現世というのはいろいろなことがあります。私も、毎日いろいろなことがあって、自分の思うようには何もいかないし、失敗の連続だし、毎日悲しいことや辛いことがあります。誰でもそうですから、その中で生き抜くには、この人類が誕生した時の根源的実在、人間がなぜ生まれたかということをまず分かって、そういうところに自分の理想を置いておかなければ、この現世を生き切れないということなのです。それを分かって欲しい。大きい括《くく》りで非常に分かりにくいかもしれませんけど、この定義を頭に入れておいて下さい。

人間が誕生した時、どのようにして我々は動物から人間になったのかと言えば、それは「宇宙」というものをこの地上で体現するために人間となったということなのです。そのために我々の中に魂が宿った。魂を得たとは、そういうことなのですね。我々は、肉体を見ればどんどん朽ち果てるし、汚れて来ます。しかし、本当に皆さんも経験あることだと思いますが、魂の奥底から願う、清く美しいものが我々人間にはあるのです。これは人間に生まれたからには誰でもあると思うのです。その清く美しいものを、人生の最上段に置かなければならない。それがない人間は、私が七十年以上見てきて、ほとんど人生の荒波に負けています。人生の荒波に何度失敗しても挫けない人は、必ず自分の中に人間に与えられた、魂に与えられた清く美しいものを絶対的に堅持しています。これだけが人生において確かなことなのです。だから皆さんにも是非、それを信じて頂きたいと思います。

魂の食物

理想は、人間が自分の人生と生命を捧げ尽くす目的となり得るものです。言葉を換えれば、これは、愛と犠牲的精神に繋がるものです。「犠牲的精神」と言うと、少し暗い感じがするかもしれませんが、実際には全く反対のものと言っていいでしょう。

要するに、理想というのは先ほども言った清く美しいものです。そして、この理想というものだけが我々人間にとっての魂の食物なのです。我々の肉体は、動物的な意味で食物を食べなければ痩せてしまうし、死んでしまいます。だから、自動的に食物は食べるようになっています。しかし、我々人間にとって一番大切な食物というものは、悲しいことに注意していないと忘れてしまうものなのです。

私は他人に自慢できることは一つしかありません。それは命がけで本を読む、大変な読書家だということです。私自身は子供の頃から今日まで、絶えず不断の読書を繰り広げています。それはなぜかというと、毎日魂の食物を食べなければ人間としては生きられないからだったのです。人間とはそういうものなのです。人間として在るために、魂にも日々の食物が必要なのです。

モーセ*は『聖書』の「申命記」の中で言っています。「人はパンのみによって生くるにあらず」と。これをキリストが引用して使ったので、我々もどこかで聞いたことがあると思います。これが我々人間というものの真実の姿と言えましょう。人はパンのみによって生きることはできないのです。我々は魂の食物を食べなければ生きられない。その魂が求めるもの、それを私は「理想」だと思っています。理想を維持し、発展するために、魂の食物は日々必要となるのです。

理想というのは、愛や犠牲的精神とも言えるということは先ほど少し触れました。これが先ほど言った、清く美しいものですね。愛とか犠牲的精神と言うと抽象的に聞こえますが、そういう考え方から出て来る、清く美しいものが理想なのです。そういうものを理想として持たなければならない。我々のこの肉体やいろいろなものは、全部朽ち果てるものです。その朽ち果てるものの中に、絶対に朽ちないもの、永遠に繋がるものを持たなければならない。

人間というのは全動物、全生物の中で唯一、朽ち果てることのない魂というものを持っているのです。そのことは、あらゆる書物に昔から書かれています。この「魂」が、永遠に繋がると言われているものです。ここに栄養素を、どんどん与えなければいけない。実は「理想」が魂の食物の代表的なものであり、これを堅持すれば却って肉体も生きやすい。

これは私も実感していることです。私自身は、理想に関わる考え方をどんどん入れないと、ほとんど生きることは出来ませんでした。自分の今までの人生もそうだし、今日もそうです。理想というものを仰ぎ見ていないと、現世の日々というものは本当の意味で乗り切ることは出来ません。まあ、乗り切れないというか、流されてしまうのです。流されないで自分というものを堅持し、世の中の役に立ち、自分の生命というものに価値を見出すには、必ず理想が必要だということです。理想は、どんな商売をする場合も、勤め人の場合も、何の仕事をしている場合も一番重要になるということです。

大きな目的を持つ

人間の生命は大きい目的を持つことによって、エネルギーの凝縮を行なうことが出来ます。だから実は、人生の目的は大きいほど却って人生は確実なものとなるのです。

この点は、多くの人がこの現世で分かりにくくなっていることと思います。よく「目的は小さいものから始めるとやりやすい」と言う人が多い。しかし、そうではないのです。実は目的は大きいものほど、やりやすいのです。私もいろいろと七十年間、失敗につぐ失敗を繰り広げました。小さな目標などを持つと、人間というのはすぐに挫折してしまうし、生きられないのです。

今日ここで話している「理想」と呼ばれるような本当に大きい目的、自分が生まれてきた謂《い》われ、自分がなぜ生きるのか、そういうものを、まず中心に据えてしまうことです。そうすると、現実社会は不幸の連続であり挫折の連続であったとしても、本当に自分の運命に沿った人生というものを劈《つんざ》き、生き切ることが出来る。私自身もそうでした。それから私の知っている人でも、何かにぶつかってやっている人は、みんなそういう人だと見ていて思います。

この大きいほどいいというところのこつというものを、知って欲しいのです。大きい目的というのは逆にやりにくいというか、却って挫折しやすいというように思ってしまっている人が多いと先ほど言いました。しかし実際にはそうではなくて、理想に近いような大きい目的ほど成就しやすいのです。初めに触れた私の例ですけれども、私は武士道が好きです。特に『葉隠』という書物に書かれている武士道の生き方と死に方が好きなのですが、その葉隠の思想を貫徹して生き、貫徹して死ぬという、それだけの目的で私の場合は生きているのです。これは、割と大きい目的です。目的にもならないような目的と今の人は思うでしょうけれども、こういう目的だからこそ、人生のあらゆるものに挑戦し、あらゆるものに体当たりし、あらゆるもので挫折し、あらゆるものので失敗しても、挫けることも無く、乗り超えることができたと思っているのです。そういう大きいもの、理想を、皆さんもぜひ持って頂きたい。

「類」「種」「個」

それでは、「理想とは何か」ということです。人間存在を考察した歴史的な哲学者のひとりに、私が好きなヘーゲルという人物がいます。ドイツを代表する哲学者ですね。この人が人間存在の論理を弁証法という思惟方法で確立したんです。その弁証法の論理によって、私の大好きな日本の哲学者が人間の存在哲学に一種の革命をもたらしました。それは京都大学の教授をしていた田《た》辺元《なべはじめ》＊という人です。つまり田辺元は、先ほどのヘーゲルの弁証法という論理を援用して、人間存在というものを「類《るい》・種《しゅ》・個《こ》」という三要素に分けた革命的で日本的な哲学を確立しました。その名称は「種の論理」と言います。これは、私は世界的な業績だと思っています。

人間の存在には「類と種と個」という三要素があって、「類」というのは人類の存在の意義と言ってもいいでしょう。つまりは理想です。また「種」というのは我々日本人なら日本民族、ドイツならドイツ人、フランスならフランス人、それが「種」ということです。つまり歴史と現実です。この「種」の中から我々が生まれてきた。その我々は「個」ですよね。この田辺元が哲学的に解明した一番重大なことは、この「類と種と個」はすべてエネルギー的に反発し合うものの中から生まれてきたということを、哲学的に証明しているのです。

エネルギー的に反発し合うということがすごく重要なことなのです。反発し合うとはどういうことかというと、上手くいかないということです。不合理であり、不幸であり、全部が上手くいかないということが、要するに反発ということの本質にあるのです。すべてが反抗的に成り立っているのです。そして、すべてがそういうエネルギー作用によって生まれているので、必ず人間というのは苦悩し続けることによって成立し発展していくのだということを証明しているのです。

そうだからこそ、実は我々「個」は、世の中の矛盾や不幸というものを、抱きしめなければならない。必ずあるのだから、それを認めて大事にしなければならない。なぜかと言えば、すべてが反発エネルギーから生まれているからなのです。

その一番上にあるのが「類」であり、これが我々人類の存在理由と成っているのですね。この類に属するものが「理想」になるということは言いました。類に属するものというのは後でも言いますが、簡単にいうと愛や自由や平等というようなものです。このようなものが、人類が誕生した時からの理想になっている。これを各人が魂の中に強固に確立しないと駄目だということです。そうしないと、今言った反発エネルギーに全員が呑み込まれてしまう。つまり人生の荒波に負けてしまうということなのです。

皆さんが悩んでいる、現世の矛盾や不合理ということですね。そういうものは全部この「類・種・個」の反発エネルギーから生まれてきたということです。そういうものは全部この「類・種・個」の反発エネルギーから生まれてきたということですね。人類というものが出来た時に、人類に与えられた理想から反発して各民族が生まれた。各民族には歴史がありますが、各民族の歴史に反発して我々個人が生まれ出て、そして生息しているのです。だから基本的には我々は、勉強をして自分から道を切り拓き理想を求めようとしない場合には、世間や歴史というものに呑み込まれてしまうのです。

反発エネルギーのうち最大の力を持っているものが「種」ですから、「個」はその「種」に呑み込まれるしかない。皆さんも親に反発をするでしょう。親とは「種」という歴史文化の身近かで最小の存在ということになります。そういうことなのです。「個」は親とか先祖とかそういうものに反発する、その反発エネルギーが個人を創っているのです。だから「個」を貫くにはその上にある理想という「類」が必要だということを言っているわけです。つまり反発の反発を掲げることによって、「種」に打ち勝つことが自己が生きるということになるのです。

すべてがエネルギー的には反発によって出来ているものが宇宙です。だから必ず矛盾と不合理と、そういう我々が「不幸」と呼ぶものに、世の中は全部覆われているということです。この覆われているというのが正しい状態なのです。正しい存在ということですね。それをどう乗り超えていくのかというのが、我々の生き方になるわけです。

重要なことは、「理想は類に含まれる」と知ることです。理想というのは、先ほど言った愛などです。それを人生の一番上に据えることによって、今言ったように次の「種」を乗り超え「個」を確立することが初めて可能となるのです。それぞれの相克エネルギーの苦悩を乗り超えるということです。

私が好きな『葉隠』の武士道は、「種」に入ります。武士道は、日本民族が生み出した文化ですから。私は自分の人生や命の上にそれを置くほどに『葉隠』が好きでしたから、『葉隠』の中に入っている逆説的な愛や義、そして真の忠義や恩、そういう人類の魂である理想と言われるものを、『葉隠』の中からも分かるようになったのです。そのように、「種」のことを命がけでやれば「類」の本質は分かるようになります。最初に「類」を掲げてももちろん良いわけです。そのほうが、人生論として、より正統と言うことが出来ましょう。

ただ、最も重要なことは、それを自分の人生の一番上にしなければならないということです。理想は、二番目だったら全部挫折します。そして何にもなりません。却って嫌味なきれい事になってしまいます。必ず一番上です。一番上という意味は、自分の命よりも大切なものとして扱うということです。それが人生で自分が理想を実現していくこつになるものだと思います。一番上、どんなことがあっても動かないものということですね。そう覚えておいて下さい。「類」に属する理想を一番上に持って来れば、この世の中と言われる「種」に存在するあらゆる不合理や矛盾そして不幸を本当に乗り超えることが出来るのです。

理想と生命燃焼

その理想を構築しているエネルギーは一般的に言えば、愛や信や義などだということは先ほども言いましたね。愛とか信頼とか、正義、そして自由や平等といったものです。まあ言葉としては聞き慣れているものですけれども、これを一番重大な理想として自分の人生に掲げるかどうか、そこが重要なところです。理想として掲げるなら、その内容を固めるために、今度は読書を通じて理想のために生きた人たちの思想や人生を研究しなければなりません。昔のいろいろなことを成した人たちというのは、全員理想というものを、この現世で形に成した人と思えばいいのです。

そういう人たちの生き方を自分の参考にして、自分の生き方も決めていくということになります。自由や平等のほか美などですね。美や崇高、高貴、そういうものも全部理想に入ります。だから本当に美しいものを求めれば、それは理想になるのです。本当の美ということです。本当の崇高、本当の高貴、そういうものを求めれば、それは自分の理想になって来る。本当の美とは何なのか、本当の自由とは何か、本当の崇高とは何かという理想を求めるようになれば、それがまた本質的また実践的に何なのかということで読書をし、色々勉強することにもなるということです。

そうやって理想というものに身を捧げていると、本当の意味の自分の生命燃焼ができるようになって来るのです。人間にだけ与えられた真の生命燃焼つまり「人間燃焼」というのは理想がなければ出来ません。これは私自身の人生でもそうでしたし、また理想に生きた多くの人の人生を観ても分かります。私などは理想がなければ、この世の中で生きて来ることすら出来なかったと言っても過言ではないのです。また松下幸之助*とか出光佐三*、ああいう人たちを研究すれば分かりますが、理想のために命を捧げています。言い換えれば、松下幸之助の人生とか、出光佐三の人生を研究して分からないこと、疑問が出て来るとします。それは、出光佐三、松下幸之助の持っている理想が分かっていないということなのです。理想が分かれば、どうして「そのようなこと」をしたのか、「なぜ」だったのかということは、全部分かります。そう思って下さい。

『葉隠』を貫く

私はさっき言ったように『葉隠』の武士道が小学校の時から好きで、その『葉隠』に書いてある通りの人生を送りたいと思って生きているのです。それが私の理想です。『葉隠』の中にある愛とか義とか死生観、そういうものを私は自分の人生の中で実現したい、実行したい。何歳まで生きるか全く分かりませんが、死ぬ日まで『葉隠』に書いてある武士道の本質を体当たりで実行できれば、私の人生には意味があると思っています。

反対に、どんなに偉くなろうと、どんなに金持ちになろうと、何があろうと、『葉隠』が示す「義」という理想に向かっていなければ私の人生には意味がないと思っています。死ぬ日まで武士道を実行して体当たりで生きられなかったら、私の人生はないと思っているのです。そういうものが理想だと思って下さい。私は今日もそうやって生きようとしているし、たぶん死ぬまでやれると思っています。十歳ぐらいからもう七十四までやっていますので、何とか今後もそうあり続けたいと思います。

そう思って生きていると、現実の人生で起きるいろいろなことが全部乗り超えられてしまうんですね。私は事業もやっていますし、本を書いたり、いろいろなことをやっていますけど、『葉隠』の武士道の愛と義を貫こうと思うだけで、私の場合は全部できてしまったのです。そういう観点からいろいろな方の人生を見ると、やはり同じです。理想のために生きていれば何でも劈《つんざ》く力が湧き上がって来る。そして、その力を、命よりも大切な理想を持っていない人が見ると、不思議に見えるようです。そういう言葉をよく聞きます。でもこれは全く不思議なことではない。当たり前のことなのです。皆さんも人類的ないろいろなことを成した偉大な人、そういう人たちを書物の上でも研究して頂ければ必ず分かって来ると思います。

具体的に言うと、『葉隠』の中に「同じ人間が、誰に劣り申すべきや」という有名な言葉があります。ここに私は真の平等観、真の人間の持つ美学を感じます。私は子供の頃から『葉隠』の言葉をそのまま実行しようと思って生きています。同じ人間に生まれて、同じ人間が過去にやったことで、自分に出来ないことはないのだという自負心がこの言葉から湧き上がって来るのです。これが武士道の根源を支える言葉の一つです。私はこれがとても気に入ってしまいました。今日まで、ずっとこれを信じているのです。自分の理想に向かって、過去にその理想のために生きた人と同じ人生が私も送れるのだということを、過去にも思っていたし、今も思っています。これからも思い続けるだろうということです。その原動力になった言葉の一つがこれだということです。

三島由紀夫、トインビーの理想

また、私は中学校の頃に三島由紀夫*の『美しい星』を読んで非常に感動しました。その『美しい星』を自分なりに、その文学性を自分の魂の奥に落として、命よりも大切な理想というものがどういうものかを『美しい星』と『葉隠』とを合体させて、理解したという経緯があるのです。その書物の内容を表わす三島由紀夫の言葉で私が一番好きだった言葉があります。「人間の肉体でそこに到達できなくても、どうしてそこへ到達できないはずがあろうか」というものです。こういう言葉を『美しい星』の最後に三島由紀夫が書いているんですね。

私はこの言葉に出会った時に、三島由紀夫の文学を支えている美学というものがずしんと腑に落ちました。三島由紀夫の文学自体は私は小学校からずっと好きでした。全作品を読んでいたのですが、この言葉によって私の中にその理想が落ちたのです。三島由紀夫がどういう理想をもって生きた人間なのか、その理想から三島文学が生まれたのだということを私が悟ったということでしょうか。つまり、自分なりに三島文学を摑んだということだと感じています。

要するにこれは人間としての魂の無限進化に向かう言葉なのです。三島由紀夫はやはりこういう生き方の人物なのです。世界的な文学者ですから、そういう風になるには、肉体を乗り超えた、肉体で到達できなくても、自分はもう絶対に到達したい遠い憧れが魂の中にあるのだという言葉です。それが私の言う理想だということです。そういう意味で三島由紀夫も理想に生きた人だということです。

次は高校の時です。アーノルド・トインビー*という、私が最も尊敬し最も影響を受けた英国の歴史家がいます。私などはトインビーの歴史の本でたくさんの歴史哲学を学んだのです。そのトインビーが、私が高校生の時に日本に来て、講演会を開いたんですね。その講演を聞きに行きました。私はもうその頃は、理想というのが人生で最も大切なのだということが分かっていました。

そしてトインビーが講演の最後に、日本人に向かって言った言葉が忘れられないのです。それは「理想を失った民族は滅びる」ということを言ったのです。私はこの言葉に非常に衝撃を受けました。やはり、民族そのものにも理想が必要なのです。民族という「種」の不合理を乗り超えるには理想という「共感」が必要となります。民族は個人で構成されているからです。民族から生まれた個人である我々一人ひとりも理想に生きなければ駄目なのです。民族も理想がなかったら、民族としての生き方が出来ない。なぜかと言うと、先ほど話した反発エネルギーで生まれているからです。人類の中心から反発して我々の民族が生まれ、その民族に反発して我々個人が生まれたのです。だから理想を掲げなかったら絶対にその壁は乗り超えられないということです。共感の力で、すべての反発の壁を乗り超えるのです。これをアーノルド・トインビーという私の一番尊敬している歴史家が言ったのを直接聞いて、非常に感動した。

その時に、やはり自分が日本の歴史も背負わなければいけないという使命感も生まれました。

そして日本の歴史を背負うためには、人類に与えられた理想に向かって生きなければならないと確信したということです。これが私の経験なのです。

すべてを捧げる決意

理想に向かう生き方には、その理想に向かって自己の人生と生命を捧げる決意が必要です。

「命よりも大切なもののために生き、そして死ぬ」、この覚悟が必要だということです。この命よりも大切なものというのが、人類に与えられた理想だということです。だから、それにふさわしい位置に置かなければならないということです。これは人類に与えられた使命なのです。だから、人類に与えられた使命を自分の理想にしなければならないということと言えましょう。

その理想という「類」に対する反発から「種」と言う各民族が生まれ、それに対する反発がまた各個人を創ったということを話しました。だから、原始において人類の初心として与えられた理想を、命よりも大切なところに置かなければならない。それには、自己の本当の生命の価値を信じなければ出来ません。外面的な、つまり種的な損得や成功に流されない自己の確立が大切なのです。現世の損得とか、ちょっとした他人の評価とか、それからちょっと認められるとか認められないとか、儲かるか儲からないかとか、そんなことを考えていたら絶対に出来ない。

命よりも大切なところに理想を持っていく。商売も、そうやって始めなければ駄目です。どんな商売でもそうです。外面的に立派な商売も、小さな商売も、その価値は質で決まるのです。本当にいい商売をしている人は、たとえ屋台だろうがなんだろうが、理想を持っています。理想を持っている人というのは、例えば料理店ならものすごく美味しい店です。ものすごく美味しい料理店には理想があるのです。理想がなかったら、美味しい料理は作れません。そのくらい大切なものだということです。

理想に生きることによって、人間としての真の人生を歩むことが出来るようになります。そのためには歴史上の大人物についての読書が必要です。それらと魂の交流をなすのです。先ほどから私は理想、理想と言っていますが、やはり人間にはいろいろなことが毎日起こります。長い人生では、理想を失いそうになることは誰でもあるのです。だから、毎日本を読んで、理想に生きた人たちの魂と交流しなければならない。私は毎日そうやっています。毎日やらなかったら、たぶん今日まで理想を抱き続けていないです。

生命の喜び

私の会社は四十年前に創業しましたが、当然、創業の志があります。私はちょうどその少し前に子供が生まれ、その三ヶ月後に病気で妻を失いました。妻の病気でお金も全部使い果たした、その無一文になった時に事業を始める運命が来たのです。だから私は最初、子供を背負ってミルクをあげながら商売を始めた。しかし理想というものがありましたから、苦労ということは何もなかったです。理想のために生きるというのは生命の喜びです。

その頃も一番の魂の交流は読書でした。読書によって、いろいろなものを乗り超えた人達と魂の交流をしながら、理想を貫こうとしていたということです。理想を貫徹するためには、日常生活の中から理想を掲げようと思っても駄目なのです。理想が魂の本体にならなければ駄目なのです。理想というのは非日常ですから、非日常が本体で、非日常の理想から逆に日常生活を作るということです。多くの業績を残した人たちが皆そうしています。私も末端ながらそうしています。私は大した業績は残してはいないですけど、非日常を中心にして生きています。理想に生きることが本体です。日常生活はそれに付随しているということ。日常生活のほうが主になったら、理想は必ず挫折します。これはよく覚えておいてください。これが理想に向かう覚悟の第一です。

また、私は自分の生命と運命を信ずることによって、理想のために人生を捧げる覚悟が出来ました。これはいま言った不断の読書によるのと、あとは日常生活における体当たりによって会得するしかありません。体当たりをすることでしか、そして失敗と挫折の連続によってしか、人間は自分の運命を信じることができないのです。だから、皆さんも失敗というものをたくさんしなければ駄目です。体当たりをして、嫌な思いをして、少しずつ自分の生命と運命の力を信ずるようになるのです。

今は、人間が冒険をやって、体当たりして失敗して挫折することをなるべくさせない社会になりつつあると私は見ています。だから今の子供などは非常に可哀想だと思います。私が子供の頃は、自分が生きたいように生き、やりたいことをやって、叩かれ、怒られることが多かった。それによって、段々と自分の生命とか運命を信じることが出来るようになる。自分の運命とか生命を信じると、割と理想というものが受け取りやすくなります。ただ、何度も言いますが、これは体当たりによってしか会得できないのです。だから皆さんもいつからでも遅くないですから、やりたいことは全部体当たりして下さい。出来なくていいんですから。失敗して悔しい思いをして、泣いて、そしてまた理想のために立ち上がるということをしなければ駄目だということです。

それを何回かやって行きますと、先ほどから言っているように、必ず自分というものの運命を信じることが出来るようになります。自分を信じられない人というのは自分に嘘をついてる人なのです。つまり、この世をうまく渡りたいと思っているだけの人ということです。その反対に、挫折しようが何をしようが、自分の夢とか、自分が思ったことに正直に生きている人は、必ず自分の運命を信じられるようになります。それが他人から見てどんなに不幸であってもです。不幸とか、そういうことは関係ないのです。どんなに駄目でも、どんなに不幸でも、どんなに挫折しても、自分がやりたいことに体当たりする人は必ず自分の運命を信じられるようになります。もちろん自我だけではなく、理想を前もって持っていなければ駄目なことは言をまちません。

偉大なる敗北

体当たりをして運命を信じられるようになると、その人間としての運命が目指すものが理想ですから、理想というものを摑めるようになるということです。そうやって生きていくことが理想に向かう覚悟なのです。もし理想に向かいたい場合は必ずそうしなければ駄目だということです。そうすれば、徐々に社会の不合理を愛することが出来るようになるのです。少し難しい話かもしれませんが、社会にある不幸とか、不合理や矛盾とかを、人類的な本質論から見られるようになるのです。

本来は、それらは人類の本質にあるものです。ですから不合理とか矛盾などというのは、運が悪いのでもないし、嫌なものでもない。それらが無ければ、我々の魂は理想に向かえないものなのです。愛とか信、義、自由、平等、そういう生き方に本当に向かう場合は矛盾とか不合理がなければならない。それと戦うことによって、人類の理想は貫徹できるのです。理想のために生きるのは我々個人です。それが分かるようになるということです。

文学者で保田與重郎《やすだよじゅうろう》*という有名な文芸評論家がいました。私はこの人が大好きで、すべての著作を読んでいます。それで、理想に生きなければ駄目だということを、保田與重郎も言っているのです。理想に生きていれば、必ず失敗の連続であり、不幸の連続である、と言っている。そしてその理想に生きて、敗れ去り不幸になることを「偉大なる敗北である」と言っているのです。有名な言葉です。「偉大なる敗北」とは何かというと、保田與重郎が定義している言葉ですが「理想が俗世間に敗れることである」ということなのです。ここが重要です。

理想というのは、俗世間には敗れなければならないのです。敗れない理想とは、嘘なのです。敗れても敗れてもやっていって、結果論、なんらかの「理想的なもの」を摑めることは確かなのです。私も自分で摑んでいます。しかし現世的には、やはり敗れることなのです。私の経験でもそうだし、三島由紀夫もそう言っていましたし、保田與重郎もそう言っている。理想が俗世間に敗れる、これを偉大なる敗北と言っている。偉大なる敗北を受け入れる人が、何らかの生命燃焼とか価値のある人生を送れるのだということを保田與重郎も言っているのです。つまり真の成功を得るということです。

知らぬ道を行く

また私の例で恐縮なのですが、大学生の時の話です。私は自分の理想が本当に固まったのが大学生の時なのです。大学生の時にT・S・エリオット*という詩人の『四つの四重奏』という詩集に大変感動しました。その中に中世スペインの有名な神秘思想家で、「十字架の聖ヨハネ」*つまりサン・ファン・デ・ラ・クルスと呼ばれている人が出て来ます。この人も理想に生きた人なのですが、その人の言葉が載っていた。この言葉が、私の中で『葉隠』と合体しまして、これが私の理想を今日まで引っ張って来てくれたのです。だから皆さんも是非参考にして頂きたいと思います。

「お前の知らぬものに到達するために、お前の知らぬ道を行かねばならぬ」というものです。これをサン・ファン・デ・ラ・クルスが言っている。これはそのまま『葉隠』の思想です。この言葉によって、『葉隠』のすべてが私の魂の奥底に沈潜したと言ってもいいでしょう。理想というのは人類の理想ですから、民族をも超えているので、我々に分かるわけはない。だから愛にしても信義にしても、本当にそれを求めた人はみんな分からない道を行くんです。がむしゃらに行くのです。体当たりです。そういうものの哲学的な論考を本で読んで、信じて、あとは体当たりです。

お前の知らぬものに到達するためには、知らぬ道を行かねばならぬ。この点が重要です。それがまた自分の運命になるのです。自分だけの道を歩むのです。だから、人に分かってほしいと思うと、理想は必ず挫折します。他人と喧嘩をしろと言っているわけではありません。仲良くしているのはいいのですが、理解されることはないと思ったほうがいい。ただ独りの道。誰にも分からない道、誰も歩んだことのない道を、個人個人が歩んでください、ということです。私がどうしてこんなことを言えるかというと、私もそうしているからです。私はまったくこれから自分がどうなるかも分かりませんけれども、自分の運命を愛しています。私は自分の運命を全うしたいと思っているだけです。

七十四歳になっていますけれども、本当に私が自分で良かったと思えるのは、それだけなのです。今もそうです。皆さんもぜひ参考にして頂きたい。

夢とは何か

理想は、崇高なる真の夢を生みます。現世のことは夢にはならない。そして夢こそが、生涯に亘る「青春」をもたらしてくれる。私はそれを倉《くら》田《た》百三《ひゃくぞう》*の『愛と認識との出発』において学びました。

人間というのは理想に向かっている限り、死ぬまで青春なのです。青春を生きることが夢に生きるということです。夢というものを今の人はみんな誤解しています。今の人は欲望のことを夢だと思っている。欲望は夢ではありません。夢というのは自分の生命が燃焼していることを言います。その燃焼している生命の人生を歩んでいることなのです。つまり青春を生きるということです。

この倉田百三の本に「夢見ることを辞めた時、その青春は終わるのである」とあります。つまりこれは、理想を下ろした時に人生が終わるということです。あとは肉体が朽ち果てるのを待つだけの人生に向かうということです。言い換えれば、理想を掲げている限りは必ず夢に生きられるということです。

私は本を読んで、過去の芸術家とか実業家とか宗教家とか、いろいろな人の偉大な人生を見て来ました。そして、つくづくと全員同じものだということが分かるのです。また私は自分の七十四年の人生で、自分なりに把握できたこともあります。理想が生み出す人生ということです。理想を持つことによって、自分自身に与えられる美しい人生を私は知っているのです。

まずは「運命への愛」です。このことは前にも少し話しましたが、ここでまとめておきたいと思います。理想に生きていれば必ず皆さんに与えられるものです。これは哲学的には「アモール・ファティー」というラテン語で呼ばれている、ヨーロッパの有名な思想です。マルクス・アウレリウス*というローマ皇帝が最初に『自省録』に書きました。それをドイツの哲学者フリードリッヒ・ニーチェ*が、十九世紀にそれを引用して有名になった言葉です。「運命への愛」ということが本当に分かると、皆さんも一人ひとりが理想に向かう人生そのものが燃焼し、夢に向かうことが出来ます。この「運命への愛」というのは、もちろん自分の運命を愛することですが、これを愛するようになれるということが、理想に生きていることの一番の恩寵なのです。

それが何よりの成功だと思います。成功というのは地位やお金や、そういうものではありません。一人ひとりの生まれてきた自分の運命、これを本当に愛することができるようになるということが、私は人生最大の成功だと思います。私もいまそれに向かっており、必ずそうなるつもりでいます。皆さんにもそうなって頂きたい。この「運命への愛」は理想に生きていれば、必ず皆さんのもとに来ます。この「運命への愛」が分かって来ると、自己の人生を超越する理想に向かうことになります。それによって、人生のあらゆる矛盾や不合理、苦悩を乗り超える力、全く問題にしない力が必ず皆さんの元に来ます。自分の運命を愛していれば、この世の中というのは本当に苦悩もないし、不合理もないし、矛盾もない。そういったものが却って、自分が理想に向かうための燃料と化してしまうのです。

運命は信じるしかない

私にとって、今までの人生で一番自分が幸福だった時間というのは、一般の人が一番不幸だと思う時間です。私は小さい頃に大病をして、それ以来、何度も死にそうになっています。医者から絶対に死ぬと言われ、二千人に一人しか助からないという病気になったこともあります。その時には、国立第一病院と言うところに入院しました。ここに半年間入院し、まだ子供なので母親がついていてくれました。この母親と過ごした国立第一病院の半年間が、私にとって人生の最大の幸福です。これ以上はない。多分これからもないと思います。実際には治療ばかりで、毎日泣きわめいていました。昔の太い抗生物質の注射を毎日、毎日打たれて、今もその副作用で大変です。でも、あの半年間に勝る時間はありません。

それともう一つは先ほど少し話しましたが、私は結婚して早くに妻を失いました。子供が生まれてすぐに妻は死んだのです。あの時も本当に苦しくて、それからすぐに会社を起こして独立して大変だった時期です。でも、あの時以上に幸福な時間は私にはありません。あの母親とすごした幼少期と二つ並んでいる幸福の双璧です。周囲の人たちからは一番苦しい、どうしようもない不幸だと言われていました。それでも後から思い出せば、私はその時が一番幸福だったんです。なぜかと言うと、やはり愛と理想が自分を支配していたからです。外面的には不幸な時期ですけれど、理想に生きているとそういう苦難がすべて本当に素晴らしいものに変わるのです。これは皆さんにもぜひ体験して頂きたい。それによって運命への愛が育まれる。これが「運命への愛」ということです。自己の運命を信じられるようになるということが、理想に生きた最大の恩恵だということを結論として言いたいですね。

もし皆さんが自分の人生で、自分に与えられた固有の運命を愛する力がない場合は、必ず現世のいろいろな掟とか苦悩とか不合理とかに呑み込まれます。これは誰を見ていてもそうなので、これを乗り超える力というのは、自分の運命を信じる力しかない。自分の運命は、自分だけの道です。他に参考例はありません。自分で体当たりして、自分で失敗して、自分を信じるしかないのです。そのためには理想が必要だということです。理想がなかったら、人間というのは運命を愛するまで失敗を繰り返すことができない。ぜひ信じて下さい。

運命の独立自尊

歴史家のトインビーは「人生とは、運命の挑戦に対する応戦のことである」と言いました。これは今私が喋ったことと同じことを言っています。トインビーという世界最大の歴史家も、人生というのは、自分固有に来た運命に対して自分がどう体当たりするかだと言っているのです。応戦ということは体当たりということです。それだけが人生だということをトインビーほどの偉大な歴史家も言っているのです。

「運命への愛」というものを得れば、善悪を超越して自己の人生のすべてに体当たりすることが出来るようになります。それによって自己固有の超越的なものを得ていくということです。体当たりの生き方が生み出した日本の代表的文化が、武士道だと言えましょう。その中でも特に『葉隠』です。私も大人になってから知りましたが、フランスの哲学者でモーリス・パンゲ*という有名な人がいます。そのパンゲが日本の武士道に対して、「運命への愛」を文化となしたものが武士道だと言っているのですね。私は運良くそういうものを信じて子供の頃から生きていたので、これは本当に嬉しかったですね。

武士道が愛だということを見つけ出した人は、却って日本人にはいませんでした。パンゲはフランス人ですが、ちょっと違う角度から見ているほうが分かりやすいのだと思います。反対に日本人は戦後に武士道を戦争と結びつけたり、そのことで嫌悪している人が多かった。しかしフランス人が日本人の本質をこのように言った。この「運命への愛」こそが、武士道を生み出した、と。

それで私は武士道だけを信じて生きて来ましたが、それは愛や信、義を断行しようと思って生きていたのだということになります。そういうことにモーリス・パンゲの言葉によって気付かされました。理想が生み出す人生で、「運命への愛」が分かってきますと、自己責任と独立自尊の人生が生まれます。自分固有の運命を愛するようになるわけですから、本当に国にも頼らない、友人にも誰にも頼らない。自分の運命に頼るという言葉は少しおかしいですが、自分の運命に向かって生きるということだけが、使命になって来るのです。そうすると自動的に自己責任と独立自尊ということが分かって来る。だから誰にも頼らない。このような生き方を昔の人は「無頼《ぶらい》」*と言ったのです。

私の会社は、自分で研究して、自分で製造して、自分で販売して、すべて自分でやっています。どうしてそうなったのかと言えば、私は自分の運命を愛しているからなのです。私の運命を知っている人は誰もいません。私にも分からないし、家族も親でも分からない。娘がいますが。娘ももちろん分かりません。誰にも分からないのです。だから誰にも頼ることが無いのです。

自分が信じているだけです。この信じる力が強いと自己責任と独立自尊というものが生まれて来るということです。運命を愛するようになると自己責任と独立自尊が生まれて来るということです。またこうなれば、皆さんも生まれて来ただけで価値のある人生になっていくのです。

現実的人間

理想が生み出す人生について、学問的に証明している人がいます。本当に理想を命がけで信じて生きていると、実は現世に強い人間になるのです。スイスのカール・バルト*という二十世紀最大の神学者が、そのことを学問的に証明したのです。バルトは非常に熱心なクリスチャンで、この人が書いているのはキリスト教の信仰のことです。しかし、これはキリスト教の信仰だけではなく、人類の理想に関してすべてに適用されることなのです。

「現実的人間」（デア・ヴィルクリッヒェ・メンシュ）。カール・バルトの言葉で、哲学用語として一般的に知られています。神学者カール・バルトは、崇高な理想に向かう人間こそが、現世のあらゆる矛盾の中を生き抜く真の力を持つと言っています。これを証明しているわけです。そして、それを真の人間的意味における「現実的人間」と名付けた。信仰が豊かだった十九世紀頃のキリスト教社会を見れば分かるように、キリスト教の信仰が強いほど、現実社会でもいろいろな面で成功しているのです。

私は現世とか現実には興味がありません。あまり現世のことというのは興味がない。テレビも見ないし、新聞も読まないし、友達付き合いも嫌いで他人ともほとんど付き合っていません。何もしないで本ばかり読んでいますが、それでも現世のことは全部分かります。会社経営でも悩んだこともないし、致命的な失敗をしたこともない。会社の経営に関してどうすれば良いのか分かってしまうのです。何故かと言うと、たぶん自分の自己責任と運命が分かっているからです。自分に出来ることと出来ないこと、それから自分の程度というのか、そういうものを把握しているのです。だから現実に対処する仕方とかなどは、すべて分かる。それでいて、現実社会にはまるで興味がないのです。現実社会を生きる要領も知りません。

でも現実の中でやってきて、大きく間違えることなく、本を書いたら読んでくれる人もいて、会社経営も何とか上手くいっています。これは私がカール・バルトの言う、「現実的人間」なのだと思うのです。自分の運命を信じれば、必ずそうなると思います。私もこれが不思議なので、いろいろな人のことを本で読んでいますけれど、みんな現世を全然考えていなくても、現世でも成功しています。

理想に生きた偉人たち

この「現実的人間」について、幾つか例を挙げて簡単に説明します。

例えば革命家の例として孫文《そんぶん》*と黄興《こうこう》*という人を挙げます。中国の辛亥《しんがい》革命を成功させた人物たちです。そしてこの辛亥革命の成功を助けたのは日本人で宮崎滔天《とうてん》*という人です。宮崎滔天は著作が数多くある人なので、ぜひ皆さんも読むといいと思います。日本の有名な革命家です。そしてこの人の息子さんで宮崎龍介*という人がいます。宮崎龍介も社会運動家として知られていますが、この宮崎龍介の奥さんは、柳原白蓮《やなぎはらびゃくれん》*という有名な歌人です。そして二人は、大恋愛の末に駆け落ち事件を起こしたことでも有名な人です。この宮崎龍介さんと柳原白蓮さんご夫婦が私の子供の頃に近所に住んでいて、大変に可愛いがって頂きました。この孫文と黄興についても、その宮崎龍介さんから聞きました。

要するに、辛亥革命に成功するのに何を理想にしたかということです。理想だけが、辛亥革命を成功させたと孫文と黄興が言っていたということを、私は直接聞いたのです。その時の言葉が「自分たちの人生全部を懸けて、ただの一回しか成功らしいものはなかった」ということを、孫文と黄興は言っていたというんです。人生全部で、一回しか成功らしきものがない。あとは、百回なら百回、全部が挫折であり失敗だったと。中国革命の、今の中華人民共和国につながる中国革命を成した人がそう言っていたということを、私は宮崎龍介さんから直接聞いたのです。

その言葉が「百折不撓《ひゃくせつふとう》」で、私はこの言葉がものすごく好きになりました、私の座右銘にもしていきます。百回折れても挫けないということです。革命家としても有名な人物ですが、こういう人でも実際には本当に一回の成功をしただけの人生だったということです。後は百回の失敗なのです。そういうことを宮崎龍介さんは人生の提要として、私に教えてくれた。私はまたこういう魂のロマンティシズムを、日本の有名な革命家から直に教えて頂いたということが嬉しくて、座右銘にしているのです。

別な革命家の例ですが、私の大好きなゲバラ*です。南米の革命家で、キューバ革命で有名ですね。このゲバラが、「現実主義に基づいて、不可能を求めようではないか」という言葉を言っています。これが理想を追い求めた人の、必ず行き着く結論です。つまり、現実に強い。現実に強いのに不可能を求めるというのは、非常に不思議な言葉です。しかし、理想に生きている人は必ずこうなるのです。そういう体験を皆さんにもして頂きたい。

このゲバラは、私の世代は好きな人が多い。本当に民主主義と正義、自由と正義の最も理想に生きた革命家で、キューバ革命を成功させて最後はアメリカのＣＩＡによってボリビア革命の途上で暗殺されました。私がすごく好きで尊敬している人です。

次の例は、日本最大の文学者で作家の三島由紀夫です。三島由紀夫は、先述した言葉に表わされる「理想」のために命を擲《なげう》つ人生観によって、その巨大な芸術を創り上げていったのです。文学者で芸術家ですけれども、理想が現実を作った一つの例として皆さんにぜひ知っておいて頂きたい。理想を命よりも大切なところに置いている人は、現実も必ず出来る人になっているということです。そういうことの一つの証明ですね。三島由紀夫の場合は何かと言うと、日本人の魂の在り方の追求です。日本人の魂の在り方について追求していって、人類の理想に向かっているのです。三島由紀夫の場合は、その文学を読んでいる方は知っていると思いますが、「忠義」や「恩」を中心とする「義」です。また、その根底に愛を据えている。その愛のために死ぬということ。人間の生命とは、愛のために死ぬ目的で生きているのだということが、三島由紀夫の理想だったと私は思います。その理想のためにあの偉大な文学を生み出したということです。

事業もまた理想

また芸術家ではなくて、実業家の例を挙げます。私が小学校の頃に非常に可愛がって頂いた方で、五十嵐健治*という方がいます。日本の実業家の中でも有名な方です。クリーニングの「白洋舎」の創業者ですね。この人もやはり愛のために生きた人で、クリーニング業をなぜ始めたかというと、他人の嫌がることをやり、とにかく他人のために役立ちたい。それで他人のお手伝いをしたいと、こういう理想を持っていたのです。他人の嫌がることを引き受ける、という愛です。愛の具体的な理想は、今の「他人のためにやる」ということです。他者の汚れ物を何とかきれいにする仕事を天職にしたい、そういうことで始めたのが白洋舎なのです。

皆さんご存知のように、今でも白洋舎といったら日本最大のクリーニング会社ですよね。そういう会社を作り上げた人も、そういう他人の汚れ物を清める、それを自分の天職としたい、という理想で事業を始めているということなのです。

私は小学校から大学まで、私立の立教というところを出ているのですけれど、五十嵐健治さんはよく立教小学校に遊びに来ていました。有賀千代吉*先生という校長先生がいて、その校長先生と親しくされていたのです。そして校長先生が、五十嵐健治さんが来ると私を呼んでくれて、いろいろと話を聞かせてくれたのです。

この五十嵐健治さんのことで忘れられないのは、ある程度白洋舎が成功して日本で最大のクリーニング会社になっていた時です。五十嵐さんは敬虔なクリスチャンでした。改めて『聖書』を読んだ時に、『聖書』の「創世記」に「神ははじめに天と地を創られた」という言葉があるのですが、この言葉を見た時に涙が流れたと仰ったのです。私は、そういう人生がやはり素晴らしい人生だと思います。「神は天と地を創られた」という、その「創世記」の文章で涙が流れる。そういう人生を歩むことが理想に生きるということなのです。

五十嵐健治さんは、もちろん旧《ふる》い人ですから日本の神道も好きで、伊勢神宮の大変な崇敬者で、伊勢神宮に行った時に「創世記」をすごく感じるのだと言っていました。北畠親房《きたばたけちかふさ》*という人が書いた『神皇正統記』という有名な本がありますが、「大日本は神国なり」という一文で始まるのです。やはり晩年に「創世記」の「神は天と地を創られた」と『神皇正統記』の「大日本は神国なり」という、その言葉に涙がこぼれるということを、子供の頃の私に語ってくれたことがあったのです。

私はその時はもちろん全然分からなかったですけれども、でも五十嵐さんを非常に尊敬していたので、言葉として覚えているのです。後から考えたら、これはやはり理想に生きた人の人生なのです。その参考例として覚えておいて下さい。五十嵐さんについては『夕あり朝あり』という、三浦綾子*という有名な作家が書いた本がありますので、興味のある方がいたら読まれるといいと思います。

理想に生きていると、魂の無限進化に生きることが出来るようになります。現代の物質文明を乗り超え、自分自身の本当の運命と生命に基づく真の成功、真の幸福を手に入れることが出来るのです。これが先ほどから話している、自分の生命燃焼ということです。自分が生まれてきた謂《い》われ、自分の生命を燃焼し、自分の運命を生きるということです。それが軌道に乗れば、「人間燃焼」の人生を歩めるのです。こういうことが、やはり人生の最大の成功であり、最大の幸福だと思うのです。

私も今、幸福に向かって生き続けている。私の場合は『葉隠』の貫徹です。多分出来ると思いますが、これが出来たら本当に生まれてきて良かったと思える人生だということです。今まで七十四年間出来ていますので、なんとか出来ると思っています。

人間は翼を失った

ロシアの哲学者ニコライ・ベルジャーエフ*に『歴史の意味』という本があります。理想を、命よりも大切なものとして掲げて生きると、どういう人間になるかということが書かれています。その中に、ベルジャーエフが書いているのですが、「不合理と神秘をすべて抹殺したのが現代文明だ」ということがある。不合理と神秘をすべて捨てたということは、どのような意味なのでしょうか。それは、現代文明が魂の苦悩と愛の葛藤を捨てさせたということなのです。そしてその意味は、先ほど話しました「類・種・個」の人間存在におけるあの反発エネルギーを捨てたということなのです。

そうすると人類も民族も、それから我々個人も全く反発エネルギーがない、だらだらとした全く意味のないものになってしまう。我々という存在が意味を成すには、個人も民族もすべて反発エネルギーの苦悩の中から、それを劈《つんざ》いて本質に向かわなければならないということがあるのです。それが田辺元が真の日本哲学である「種の論理」において証明している人類の本質です。

ベルジャーエフは、現代文明が我々から奪ったものを人間の「翼」だと言っています。その翼を与えてくれるものが理想だということです。我々は理想を持つことによって、初めて自分自身の中に翼を持てるということです。私にはその実感が大いにあります。

それが『歴史の意味』の中にある「人間は翼を失った」という有名な言葉なのです。これは理性とヒューマニズムによって人間が飛翔できなくなったということを表わしています。実は人間というのは飛べるのです。飛翔できるのです。本当は飛ぶことができるのに、みんなもう飛ぶことができないと思い込んでしまった。

人間に飛ぶことができる翼を与えてくれていたのが理想だったのです。哲学的には、反発エネルギーというものを受け入れて、それを乗り超えていけばそう成れるということです。現代文明は、それを我々から奪い、やめさせることによって物質文明や消費文明というものを発展させて来たのです。この「人間は翼を失った」というのは、私の非常に好きな言葉です。理想を一言で言い表わしていると思います。理想を持つと本当に翼を得られるのです。空を飛べるのです。宇宙へ行くことが本当に出来るのです。

翼によって、人間存在と歴史の持つすべての矛盾と不合理を乗り切り、魂の故郷（永遠性）へと向かう。それが理想に向かう人間の行き着く先だと、私は思っています。それによって、自己固有の真の個性が芽生えて来る。「類・種・個」と、順番にやることによって自分の個性も輝くということです。哲学者のヘーゲルは『哲学史』の中で「民族の精神こそが、真の個性である」ということを言っていました。この「民族の精神」というのは、理想との反発の中から生まれています。その理想を逆に信じて掲げることにより、民族の精神も乗り超えられるようになるということです。その結果として民族の精神が自分の真の個性を作るということなのです。

偶然でしたけれども、私は子供の時から『葉隠』が好きで武士道が好きなので、この民族の精神に食らいついていたのです。だから私は個性的だと言われることもありますが、それはそのお蔭だと思います。その個性を生み出しているのは、日本人ですから日本民族の精神です。その日本民族の精神がどのように生まれたかと言えば、人類の理想から日本民族の特殊性の反発エネルギーで日本民族が生み出したということです。その反発エネルギーで苦しみながら、我々の民族は先祖伝来の文化を作ってきたということです。その苦しみが武士道に結集している。文化は、民族の苦悩が生み出したということも言えるのです。

魂の本当の願い

理想に向かい魂の進化に向かって生きる人間は、自分にとっての命よりも大切なものが見えるようになります。だからこそ、自己の運命を愛することが出来るようになるのです。ここが一番の眼目です。理想に生きることによって見出された自己の魂の本当の願いこそが、真の成功の人生を自分にもたらすのです。自己の魂の本当の願いです。理想を掲げていると、必ずここに辿り着くのです。

この魂を得た者こそが、完全な生命燃焼を行なうことになります。それはもちろん、自分の運命を愛し、真の完全燃焼をしている人だけです。そして本当の人類愛と愛国心を持つようになると、私は実感しています。愛国心などとみんな気楽に言いますけれども、愛国心というのは自分を乗り超えていない人には絶対に実行できません。結局、自分の命よりも何か大切な理想があって、そのために生きることによって自動的に愛国心を持つようになるのです。だから愛国心は民族のレベルよりも上になるということです。これは歴史が証明していることです。

最後になりますが、倉田百三という人が書いた『出家とその弟子』という本があります。岩波文庫から出ています。これは、親鸞*と弟子の唯円*との対話ということで、人間の真理を説いている本です。ものすごく面白い。その中に「自分の魂の本当の願いを殺すのが一番深い罪なのだ」という箇所があるのです。自分の本当の願いを生かすのが、逆に言うと掲げる理想です。命よりも大切な所に、つまり一番上に置く。

理想に生きていると、自分の魂の一番深いもので生きられるということです。それで生きることが、一番深い魂の喜びになる。本当の生命のありがたさです。だから自分の運命とか生命のありがたさが分かってこその愛国心であり、親孝行であり、先祖崇拝なのです。先祖崇拝とか親孝行と簡単に言う人が多いですけれど、自分の運命や魂を本当に愛さなかったら、本当の親孝行は実行できません。皆さんも是非、自分の理想によって、魂の深いものを摑んで、それを生きて、自己の運命を愛する人間になって頂きたいと思います。

そのためには、理想は自分の命よりも大切なものなので、人生のあらゆる目的の一番高い所に置かなければならないということです。これ以上のものはないという所です。そして自分の理想と抵触するものとは、すべて闘わなければならない。家族であろうと、友達であろうと、誰であろうと。そうしない限り自分の命の燃焼というものは得られないのです。これが私の七十四年間の実感です。どうもありがとうございました。ここで終わらせて頂きたいと思います。

【質疑応答】

（司会進行：松下政経塾塾頭、ハリウッド大学院大学客員教授 金子一也氏）

時代の転換点を生きるには

金子　執行先生、素晴らしいご講演をありがとうございました。またこの講演からさらに内容を深く理解するために、ここはという強調ポイントを、もう一度改めてお聞かせ頂ければと思います。

執行　強調ポイントと言われると困りますが、すべてが強調したいところです。とはいえ、結論としては、自分の運命をどのくらい愛せるかということです。自分の運命を愛するためには、どう生きたらいいのかということが今日話したことなのです。そのためには、歴史を見れば、理想を掲げて、理想を信じて生きた人以外は、自分の運命を愛せるようになってはいないということです。反対に信じて生きた人は、どういう結末であれ、自分の運命を愛することができる。そして自分の運命を愛すれば自分の生命が燃焼し、自分の生命が燃焼すれば人類を愛することができ、自分の民族を愛することが出来る。こういうふうに繋がっていくのです。そこがポイントだと思います。

金子　ありがとうございます。私が塾頭を務める松下政経塾は松下幸之助が八十四歳で創立した、将来のリーダーを育成するという学校ですが、執行先生のご著書の中で松下政経塾に対してご講義を頂いたものが『悲願へ―松下幸之助と現代―』（ＰＨＰ研究所刊）にまとめられました。

そういった繋がりから先駆的な人物を出して頂く中で松下幸之助についても取り挙げて頂いた点が印象的でした。さて、執行先生の武士道、『葉隠』に関するご著書が最近『超葉隠論』（実業之日本社刊）をはじめ『成功には価値がない』（ビジネス社刊）など、新型コロナ感染の状況の中で二冊店頭に並び、コロナの時代において武士道の一つの大きな指針としてその思想が提示されました。いまこの武士道がこれだけ注目を集められた理由は何だと思われますか。

執行　いや、私は注目を集めたとは思っていないので、なんとも答えようがありません。私自身の根本的な人生観は流行り廃りとか、注目とか、そういうこととは一切関係ないのです。武士道がどういう扱いをされようが、私自身は武士道が好きで、武士道によって自分は生き、自分はそう死ぬということを決めているだけです。

それで、新型コロナ感染によって武士道が流行るようになったとはあまり思えないんですね。

金子　そうですか、なるほど分かりました。それで丁度いま日本の転換点だと思うんですね。この転換点において、西洋を見る、欧米を見るということよりも、むしろ日本的な価値観を大事にしていこうという流れが執行先生のご著書などを通じて世間に提示されたのではないかと考えております。

執行　そうですね。やはり、コロナというのはいろいろな問題がある病気です。そして私はこれを良く出すには、まさに各民族が自分の中に籠って自分の民族に与えられた文化を大切にする以外は抜け切る道はないと思っています。いま一般的にマスコミが掲げているヒューマニズム、例えば軽い意味での人間愛とか、そういうものではこの時代を乗り切れないと思っている。だから、一時期は悪くなるかもしれないですけれども、アメリカはアメリカ、フランスはフランス、日本は日本で自分の内に籠って自分たちの利益だけで生きていい時代が来たのだと私は思っています。グローバリズムがコロナで良くなるか悪くなるかということの瀬戸際だと思っています。

それで、これがよく出るためには、各民族が自分の文化を見直すことです。悪く出る場合は、例えばコロナのワクチンの打ち方一つでも皆さんも感じるかもしれないけれども、ひとつのファシズムになるかもしれません。あのグローバリズムのファシズムが一挙に進行して、世界中が得体の知れないものに、世界中の人間が支配されてしまう時代が来るかもしれない。GAFA(Google, Amazon, Facebook, Apple：世界的なIT企業4社の頭文字）などもその一つになるのかもしれないと思っています。これは今、瀬戸際だと思いますね。そういう意味では日本の根本的な文化は武士道ですから、武士道に帰るのは非常に良いことだと思っています。

金子　今のご指摘のように、医学的なワクチンは普及しましたが、執行先生はここに問題があると思っていらっしゃるのでしょうか。

執行　いや、一番重要なことはやはり、ワクチンそのもののことではなくて、国家ぐるみでワクチンを打たなければならないとか、こういうこと自体が人類にとって重大な問題だと思っているということです。要するにファシズムです。これは人体実験、医学においてファシズムが始まったということに他ならない。打つ、打たないは個人の問題です。それを国家がワクチンを打てということは、ファシズムであり間違いだということです。一歩進めばナチスです。国家権力が人間に医療について、ああしろこうしろということを言えるということは、ナチズムにほぼ近いファシズムだということに気付いて欲しいということです。

日本的経営について

金子　さて、先ほどの講義の中で「日本的経営」というお話がありました。「日本的経営」を突き詰めると先生のご著書の中には神武天皇の詔、もしくは聖徳太子の十七条憲法に通じるとございます。そのあたり、神武天皇の詔と聖徳太子の十七条憲法のお話と日本的経営についてもう少し言及いただけませんでしょうか。

執行　日本人が経営をするということは、日本の文化に根差していなければ駄目に決まっています。私が色々と歴史を研究して、日本人の経営にとって一番重要だと思われるものは、まず神武天皇の「建国の詔」です。この建国の詔の中で、神武天皇が素晴らしいことを言っている。それは、「正しさを養う」という言葉です。漢文では「養正」。それが日本国が建国された時の、神武天皇の詔の中にある言葉なのです。こういう言葉があるのは世界中で日本民族だけです。正しい事を断行しようというのではない。正しさを養おうということなのです。ここに私は、日本文化の中枢があると思います。

その神武天皇の詔の「正しさを養う」という思想から生まれてきた後代の歴史的な、世界的な業績が聖徳太子の「十七条憲法」です。一番有名なのは「和を以て貴《たっと》しと為す」です。この「和を以て貴しと為す」ということの真の意味が分からないと、日本人としての正しい姿勢では生きられないのではないかと私は思っています。

日本人の商売においては、「商道」というものが、それを実行することなのです。だから日本人の商売では石田梅岩《ばいがん》*の石門心学という有名な学問が江戸時代にあります。これを私流に解釈すると、神武天皇の建国の詔と十七条憲法から出ているのです。その実行においては武士道に支えられているということです。

「和をも以て貴しと為す」というと、人と意見を合わせるとか、そういうことだと思ってる人が多い。それは全然違うのです。「正しさを養う」ことの中から生まれてきた「和を以て貴しと為す」というのは、独立した自己、自己責任に基づく自己、そういうものが確立していなかったら出来ないことなのです。だから自己責任が確固としたものとなり、自分の運命を愛する人間たちが揃ったところで、和が初めて生きるということです。それ以外の和というのは単なる付和雷同なのです。今の日本人は間違って理解している人が多いと思うので、その辺は機会あればまた話したいですね。

金子　石門心学と先ほどの神武天皇の詔と十七条憲法はどうつながっているのでしょうか。

執行　要は、西洋的な「絶対値」ではない商売ということです。西洋というのはキリスト教文明ですから、例えば商売を始める前からこういう商売が正しいとか、こういう商売は間違っていると、そういう文化なんですね。でも日本の石門心学で言われているのは、要するに結果論として人々が喜ぶ、人々の役に立つことが最も正しいことなのだと言っているのです。

人類の一つの理想から生まれる真理ですが、石門心学は「正しさを養う」とか「和を以て貴しと為す」という思想から生まれてきた商道徳なのだと私は思うのです。だから石門心学には『都鄙問答《とい》』やいろいろな本がありますが、物事を断定していないですね。こうやったらいいのではないかとか、そういう内容です。それでいい結果というのは、とにかく結果論として人の役に立ったかどうか、人々が喜んだかどうか、人々の幸福に寄与できたかどうか。そういうことが私は石門心学の根源だと思っています。

それが先ほど言った神武天皇と聖徳太子から生まれたもので、これを実践した人で一番偉大な人はやはり松下幸之助です。松下幸之助が石門心学を戦後社会で実行した最大の人物だと思います。松下幸之助は非常に分かりにくいです。何か、信念がなさそうにも見えるんです。それでも、その信念というのは日本的な信念なのです。それが分かって来ると松下幸之助が抱いていた理想とか信念とか、そういうものが非常に分かって来ると、そういうことです。

金子　確かに昭和七年の段階で松下幸之助が自分の会社は利益を上げる会社だけではなくて、人様に喜んでもらう、幸せをつくる会社にすると言っていました。幸せをつくる会社にしようというのが、実は昭和七年という、これから戦争で不景気になっていき、倒産が続いていく恐慌の中でそう言い、そのことを経営理念として掲げていたことを思い出します。その経営理念で自分はよかったと。その経営理念とは先ほど執行先生がおっしゃられた人に喜んでもらおう、幸せをつくる会社なんだと。それが出来たからだというのが、松下幸之助が八十五歳で政経塾の塾生に語っている一つの成功の理由です。

執行　十七条憲法とか、神武天皇の詔を歴史的に研究すると松下幸之助の深さも分かってきますよ。

グローバリズムに呑み込まれるな

金子　それでは会場で参加している皆さんからも質問をどうぞ。

——三浦綾子の『夕あり朝あり』のお話が出ていたと思いますが、ちょうど前もって配られた講演のレジュメに載っていたので読んでいる最中です。先ほどのお話の中で、五十嵐健治さんがしょうか。
「創世記」の最初の一文を読んで泣いたという話は、「創世記」を理想としていたということで

執行　そうではなくて、自分の生き方に理想を持って生きたから、晩年になって、「創世記」の言葉で涙が流れたということです。「神は天と地を創られた」ということが理想ということではなくて、一つの理想を掲げてクリーニングの事業をやってきたわけです。そこである程度あの方は成功もなさって、それで元々クリスチャンでしたので『聖書』を読み直した時に「神は天と地を創られた」という文を読んで涙が流れた。多分、「創世記」の魂と自己の魂が共感して触れ合ったのでしょう。そういう生き方が自分の運命を愛する人の生き方なのだという話です。

——五十嵐さんが魂の純粋さを失わなかったから、その一文で泣いて、キリスト教という理想を得たのかなと思ったんですが、そういうこととは違うのでしょうか。

執行　それは今私が答えたことと同じです。魂の純粋さを持っていれば、いつかそういうより高い魂と真に出会えるということです。

——ありがとうございます。私も持ち続けてやっていきたいと思います。

執行　ぜひ。

——田辺元の「類・種・個」の「類」に向かおうとする発想と、現状のいわゆるグローバリズムが進めている発想とはどういう点で異なるのでしょうか。

執行　「類・種・個」というのは、人類が誕生した時からの人間のあり方を、哲学者の田辺元が

「人間存在の本質とはこういうものだ」と哲学的に研究してまとめているものです。それに対して、グローバリズムというのは、現世の中で理想らしきものを創って、人々を誤魔化して、人々を欺いて、まあ悪い言葉では金儲けしようというものです。またはどこかの国が覇権を取って、覇権主義で他所《よそ》の国を支配しようと、そういうことでやっているのがグローバリズムということですね。だからグローバリズムは嘘の「理想」を掲げているということなのです。民主主義と一緒で、理想の持つ美しさ清らかさを悪利用しているということに尽きるでしょう。

それが現代社会を覆う思想となったものが「ヒューマニズム」に当たると私は言っています。ヒューマニズムというのは元々はキリスト教から出た言葉なのですが、神を失った場合には、要するに金儲けとわがまま勝手で何でもありと、あとは武力が強ければそれでいいという、そういう社会を作る帝国主義の言葉になるのです。それを今の日本はアメリカから洗礼を受けたにもかかわらず、もう忘れてしまっている。だからヒューマニズムが「類・種・個」の「類」の理想であるようにいま錯覚しているということです。ちなみに、神の存在があれば、ヒューマニズムは立派な「類」になることは確かです。

——よく分かりました。また伺いたいのは、理想が自分の魂の本当の願いということであれば、その理想というのは誰しもが持っているものなのでしょうか。

執行　魂がきれいなものだとか、そういうことを思っていること自体が今の教育の間違いです。魂というのは美しいものなのですが、理想を掲げて、美しいものに育てないと美しいものにはなりません。だから自分の魂のままに生きればいいとか、そういうことは間違いなのです。理想を掲げるということは、人類が生まれた時の理想である愛とか信とか義とか、そういうものを人生の一番重要なところに据え付けるということです。そして据え付けた後に体当たりをして、自分の人生で失敗して苦労しないと、人類はなぜ生まれたかという理想は分からない。それが分かって来ると魂が美しいものになる。先ほどは、そういうことを話したのです。

――私は執行先生のご著書などから「執行草舟語録」ということで、多数の言葉を自分でまとめていますが、その中の一つ「私が詩を愛するのは、それが人間の生き方に美をもたらす力を秘めているからである」という言葉がとても好きなんですね。

今日執行先生の「理想に生きる」という講話をお伺いして、本当に美しいものを自分が求め、そして愛するということで、それが自分の理想を摑み、そして生きることが出来るというふうに理解したのですが。

執行　まったくその通りですね。だから、詩や文学というのは、自分の理想とか美しいものへ向かうために日々読み、自分の魂に食物として落とし込まなければいけないという話なのです。私は詩が好きなので、詩もそういう風に使って来たということです。

――先ほどファシズムというお話がありました。いままさしく世の中が精神文明と物質文明の、せめぎ合いをしているように感じます。精神文明の最後の砦になる部分が魂の問題かと思うのですが、こういった世の中で強く生きていくために、魂を信じる力とか、なんとか物質文明に凌駕されないための精神文明を保ち続けるために必要なこと、それを教えて頂ければと思います。

執行　それが今日の講演の題目の「理想に生きる」ということです。理想というものを毎日仰ぎ見て、理想に生きた人の書いた本を読んで、食糧として魂に入れ込む。そうやっていると魂が成長するというのか、無限進化というものになっていくのです。だから、今の時代こそ、過去の魂に生きた人たちの本を読んで毎日対話をしなければいけない。そうでなければ、まず全員現世に流される。それだけ今の時代というのはグローバリズムと言って、もうあらゆるところに物質文明が張り巡らされてしまっていて、逃れることはできないのです。

愛国心を持つには

――執行先生が先ほどご講演の中でも話された愛国心を育てるにはどうすればいいですか。

執行　やはり魂を磨くことです。そのための理想です。理想というのは、人類が生まれた時の、昔の人の言葉で言えば神から与えられた人類の宇宙的使命のことです。人類の宇宙的使命というのが、理想に掲げるべき愛とか信とか義とか自由とか平等とか美とか崇高とか、そういう事柄なのです。だからそういう事柄を勉強しながら自分の中に落としていくと、初めて「種」としての民族の本質が分かって来るのです。そして本質が分かって来ることによって、「個」である自分の中から真の愛国心が生まれて来るということになる。だから日本人の場合なら、日本からどういう恩を受けたのか、そういうことが分からないと本当の愛国心は生まれないのです。民族をどんなに研究しても真の愛国心は生まれてこない。人類の理想をずっと掲げて、そのために命懸けで生きていると、人類から生まれた日本民族を愛する心が日本人の場合は生まれて来る。フランス人の場合はフランスを愛する気持ちが生まれて来るということなのです。

——理想について「人類が誕生した時の初心」とお聞きしまして、非常に感銘を受けました。一方で理想というのは個人が掲げる理想だというお話も聞きました。でも、個人が「これが人類が誕生した時の初心なんだ」と思うのは、私には非常に僭越なことだと思ってしまうんですが。

執行　はっきり言って、人類誕生の時に神から与えられた使命、そういう一番清く美しいものはいまの人類はほとんど失っている人も多い。多いのですが、記憶としては全員持っているのです。だから私はそれを清く美しいものと言ったわけです。しかし、この現世を生きている人たちは、「もうそんなものをやっても駄目だ」と、そういう世慣れた思想になっています。僭越というのは、心のどこかで「そんなことを言ったって現実は違う」と思っているからに他なりません。それが間違いだという話を今日したのです。要するに、やはり最初に抱いた初心が大事なのです。我々は人類なのだから、人類に戻ってその初心に命を懸けている人のことを知らなければならない。自分の命を愛し、国を愛し、ということとなるのです。自分が清く美しい愛とか義とか信の中で、間違いながら生き切るのです。神から人類が生まれた時の使命として与えられたものは、我々は全員が知っているのです。後は実行するかしないかです。

――ありがとうございます。本当に自分が心から清く美しいと思うものに命を懸けていけば、必ず人類の理想に行き着けると、そういうことですね。

執行　そうです。必ずそうなります。これは歴史が証明しているのです。私は読書だけは人一倍やって来ました。途轍もない数の、いろいろな人たちの魂との対話を、小学校の頃から読んで来たのです。そして、一人の例外もなく理想を掲げている人は、みんなそういう人生を送っているのです。

宗教の崩壊

金子　先生は近著の中で新しい宗教が「今のままの自分でいいんだ」という何も努力すら求めない形になり、文明がこれから崩壊するのではないかという論調が強くなられているように思います。

執行　私は宗教はもう駄目だと思っているのです。どうしてかというと、我々は人類が誕生してからここまで来て、もう誰も神を本当に信じる気持ちがないと思います。理屈のほうが先行してしまっている。神というものを本当に信じる気持ちがあったら、もちろん宗教が一番いいんです。

ただ私の人生経験では、もう十九世紀から二十世紀に至って、神を本当に信じるという人に会ったことがない。本の上でもほとんどいない。やはりそこには利害打算が入ってきてしまうのです。だから本当に神のために命をかけて生きたという、それこそ昔の人のようなことがあれば宗教が一番いい。でも宗教はそういうものを失って、今や大宗教と呼ばれるキリスト教でも仏教でも、ほとんどがヒューマニズムという神の掟を抜きにしたきれい事を掲げているだけです。何だか知らないけれど人助けのような、軽いものですね。そういう優しさとか、人助けとか、そういうものに塗れて来てしまっている。だからもう宗教には、私は人類を立て直す力はないと思っています。

人類を立て直す力が今でも私があると思うのは、人類の文化として残されているものでは、芸術しかない。芸術の中に、人類が人類たる謂われが内包されていると言っても過言ではありません。私は「憂国の芸術」というコレクションをやっていますが、本当に芸術の熱い魂と触れ合った人で、自分の中に魂を甦らせる人を見ているのです。今でもあるのです。でも、そこに神が入って来ると駄目になってしまう。私は芸術と文化に行ったほうがいいと思いますね。

そういう宗教から一段落としたというとおかしいけれども、実際にはそうなのです。芸術ももちろん神から生まれたものですが、もうその芸術から神を見る力は我々にはないと私は思っています。そして、このまま行けば人類は滅亡すると思ってもいますしね。滅亡すると言っても、別に全員死ぬわけではありません。現代ではグローバリズムが世界で推進されていますが、その家畜になるということです。要するに、独立自尊の一人の運命を持った、一人の人間としてみんな生きようとしないで、国の言った通り、誰かの言った通り、先生が言った通りとか、そういうことです。そうなってしまったということです。だからもう、今は芸術ぐらいしかないだろうと私は思っているのです。

金子　松下幸之助も、経営の神様と言われているほどですが、晩年「礼の本義」という部分で触れていました。一番人間にとって大事なのは何かといったら「宗教だ」と。宗教とは心の問題。物心一如。物と心が一緒になって幸せな状態を作りたい。ですから、物よりも心の問題をもっと日本人は大事にすべきだっていうことを一番に挙げた。

心の問題が一番。二番目に大事なのは政治の問題、つまり公共の問題をもっと見直した方がいいだろうと。三番目に来るのは教育です。そして四番目に経営だと言ったんです。ですから経営という前に実は宗教という心の問題と、政治という公共の問題と、後へつないでいく教育という問題をもう少し日本は見直したほうがいいのではないかということを、常に言っていた。

執行先生ご自身もやはり経営されていて、そういう風にお感じになられますか。経営より前にやるべきことがある。経営よりもっと価値観として精神として奮わせる部分があるのではないかと。

執行　もちろん先ほども言ったように「理想」です。宗教も重要ですが、神を信じる力があったら、宗教が一番いい。でも現代では難しいと言わざるを得ません。しかし、理想は経営の前にならなければならないと決まっているのです。経営というのは人間として正しく生きていれば、誰がやっても出来ると思っています。私は現に世の中のことは何も知りませんでしたが、自分で会社を作っても上手くいっています。「経営しない経営」などと大きなことを言っていますが、要は経営というのはする必要はないと私は思っているのです。人間として正しいことをやり、世の中の人の役に立てれば、商売、経営は必ず上手くいくというのが私の信念であり、また松下幸之助も多分同じだろうと思っています。経営の前にあるのが何かということは、色々また経験で違うわけです。

人に役立てば成功する

金子　いま巷では、経営をするためにはビジネススクールに行かなければいけないとか、大学を出ないといけないとか、あるいは書店にある書籍でも経営はこうしたらいいんだというハウツーの本が山ほど出ています。しかし、先生のお話では経営は誰でもできるし、ハウツーは関係ないということが出て来ました。執行先生は、その実証を自分でされているということで、例えば事業計画を立てない、試算表などの数字も見ない。それでどうやって経営されているんだと聞かれれば、人間として正しいことをすればいいんだと。

執行　人の役に立てば必ず商売は上手くいくということです。その一点で商売、経営は成り立つのです。本当に、それだけですよ。ただ、重要なのは、役に立つということで、これは言葉が難しい。これは実は、悪く役立つものと、よく役立つものがあるのです。だからここは人間性による。当然ですが、悪い商売も役に立っているから繁栄しているのです。それだけは確かなことです。一部の人間の役に立つから繁栄している。ただ良い商売を選ぶのか、悪い商売を選ぶのかは、教育の問題、育ちの問題、人間性の問題になってしまうのです。ただ役に立てば必ず商売は成功するということは、確かな宇宙法則なのです。

金子　人に役立とうという気持ち、精神、今日で言うと理想といった姿が、経営を上手く回していく、あるいは人生を為していく。ハウツーではないということですね。

執行　そういうことです。ハウツー本を読めば読むほど、多分人生は駄目になります。読んではいけないということではありません。気晴らしに読むのはいいんです。

私の一つの例で言うと、私は一文無しから商売を始めました。赤ん坊を背負って始めたのです。その時の私は、日本民族を救うぐらいのつもりでいました。人生で一番苦しかった時に「今、創業しないと日本は駄目になる」と思って一人で創業した。でも、人間というのは心が弱い。私も創業はしたが自分が創業したのは良いのか悪いのかたぶん心配になったわけです。それに私は本が好きなので、本屋にしょっちゅう行っていた。その時、ついハウツー本を立ち読みしたんです。その中に「経営に成功するための十三カ条」というものが書いてあった。今でも覚えています。それで、私は一つも当てはまってなかった。全部駄目。しかし実際には、商売はそこそこ成功して来ていました。要するに、商売とはそういうものなのです。ハウツー本に書いてあることもその程度のことですよ。だから、ただ確信を得るために読んだり、そういうのはいいと思います。

でも、それが実際に商売を成功させる力があるかと言ったら、無いです。やはり商売を成功させる力というのは、いい意味で人の役に立つことしかありません。そのためには理想を掲げて生きていなければ、良い商売をこの世で貫くことは絶対に出来ないということを話しました。

幸・不幸について

金子　ありがとうございます。ところで、人生の中で一番ストレスを感じるのは配偶者の死だそうです。死別、両親、子供、あるいは事業における失敗や倒産など色々ありますが、一番ストレスが高いのが配偶者の死というデータが出ているそうです。執行先生は、ちょうど奥様がお亡くなりになった頃に創業もされ、乳飲み子を抱えて独立をされている。ご苦労もあったけれども、自分はその時期が一番幸せだったと。そうなると、いろいろな学者の言っている学説とは反対となります。執行先生は、どのように感じられますか。

執行　学説は正しいのでしょうが、人間としての実感値の幸不幸というのは、その人の見方だということです。だから幸不幸というのをあまり問題にしていると、人生というのは何も出来なくなってしまう。

理想を掲げれば、一般人が見て、不幸、挫折、損をするということでも自分の道を貫いていける。茨の道を歩んでいても、本人にはそうは映っていないのです。詳しく話せばきりがありませんが、哲学的に言っても、生物学的な反発エネルギーで生まれて来るものだから、必ず人間というのは自分が持っているものの反対のものが、社会で見えて来るのです。または襲って来る。必ず反発エネルギーで来るので、私も含めて全員が不幸で、不合理で、中途挫折なのです。だが、それでいいのだということが分からなければいけない。そうすれば、どんな状態でも、理想に向かって自分らしく生きていくことが出来るのです。

だから幸福な人生とは何かと言うと、その不幸と挫折を幸福と感じる自己の生命的生き方を持つということなのです。それが理想を掲げるということです。自分の運命を愛するということ。そうすると、自分に与えられた挫折と不幸と不合理なものすべてに対しても、とにかく自分の運命は素晴らしいものに見えて来る。これは嘘でもなんでもありません。本当にそうなのです。だから不幸とか挫折もすべて、現世というのは、ただの反発エネルギーの物理的現象に過ぎないということなのです。そういうことが分かって来るということです。

歴史的に見ても、不幸の時に必ず人間は、生命の最も尊い、最も素晴らしいものを、全員が発露しています。私はそれが分かっている。分かったからこそ、幸福を感じられるのです。分からなかったら感じられない。分かるようにならなければならないのです。なるのは自分自身の努力しかありません。基本は読書ですね。そのように生きた人間と友人になることです。私もだから、友人が多いです。現世にほとんどいないだけです。歴史の中に多くいて、魂の対話を日々やっています。

読書と理想

金子　人工知能《AI》が未来を予測した時、人間の健康にとって何が必要なのかという質問をしたら、読書だと返って来たというTV番組があったと執行先生が本で触れていました。ところが、その答えを誰も認めなかった。読書が大事だなどとは、みんなが思っていないのです。人工知能も間違うことがあるんじゃないかとされてしまった。執行先生が先ほど、読書によって理想に生きてきた人たちと知り合い、対話するとのことですが、人工知能の言うように、本当に読書が人間に必要なことなのでしょうか。

執行　それしかないのです。人類の偉大な魂の遺産はすべて本の中に残っています。だから、読書をしない人は、とにかく人類の文化とか魂、過去に生きた人たちの魂を学べないということです。そして過去の魂を学べなければ、未来の魂は分からない。だから私も読書の人生であり、人間というものの存在を、現世で生きている人だけだと思っていません。人類が誕生した時から未来まで、多分人類が滅びる時に生まれて来るであろう人達までを含めて、私は多くの友人を持っているつもりでいます。人類というものについて、今生きている人たちだけが人類だと思うこと自体が間違いなのです。それは読書をしていないからそう思ってしまうんです。

　本当に心から読書をして来ると、今まで生きた人たちが、哲学的に言う「現前」、つまり自分の前にいることが分かる。自分の前に、本当に存在しているのだということが分かるようになる。そうなると行間を読むという、なぜその人はそういうことを書いたのか、どこで書いたのか、そういうことがすべて分かるようになります。私は読書歴が長いですから、本を書いた人がどういう気持ちで、どういう環境で、どういう時期に書いたのか、全部分かります。調査しても、ほとんど外れたことはありません。魂というのは、それくらい分かるものだということです。

金子　今日、理想を持って歩むということは、青春なのだというお話を頂きました。「理想は崇高なる真の夢を生む。現世のことは夢にはならない。そして夢こそが、生涯に亘る「青春」をもたらしてくれる」。これを例に松下幸之助に触れておられましたが、松下幸之助は青春という言葉が大好きで、色紙に「青春とは心の若さである」という揮毫を数多くしていました。

執行　ＰＨＰ研究所に行った時に、松下幸之助の書いた「青春」という字がとにかく素晴らしかったのです。それで松下幸之助という人物が、「青春」を一番大切にしていたのだろうということを私は感じました。次は「素直」。書の良さというのは、その人の魂を表わしているのです。だから私は松下幸之助というのは「青春」を最も大切にしていた人なのだと認識しています。「青春」を大切に思えるということは、理想に生きているということだということを今日は話したわけです。

誰か一人を愛すればよい

金子　松下電器は電器を作っているというだけではなくて、世界中の幸せを作っていく会社なのだと経営理念にまとめ唱和するようになりました。理想やビジョンや夢を忘れないために、あるいはみんなと共有化するために、松下幸之助はそういう形で経営理念の言葉をまとめて、唱和するという習慣を日本的企業の中で作った先駆者です。個人として理想を忘れない、夢を忘れない、体当たりする。そういう覚悟を忘れないために、何か必要なものがあればご示唆いただければと思います。

執行　理想というものが、人類の一員である自分にとって一番正しいもので、一番重要なんだということを信じる気持ちです。今は、この信じる気持ちがほとんどない。やはり現世に引っ張られてしまう。現世はいろいろなことがありますが、さっき言った不幸や挫折まで含めて、何があろうと人類の一員に生まれたからには、人類に与えられた理想が重要なのです。清く美しい理想というものこそ、人類が誕生した時の魂です。それが最も正しくて、それが人間としての自分の生命を生かす原動力なのだということを信じる力なのです。信じなければ何も起きません。だから体当たりを繰り返しながら、自分で得るしかない。

　繰り返しになりますが、やはり体当たり以外はないのです。他人が教えることは出来ない。

だって運命は全員違いますから。だから他人から聞いたことは基本的にすべて説教になってしまうのです。違う運命の人が言うのですから仕方がありません。だから自分で体当たりして、自分で悟るしかない。そして多くの失敗をしなければ駄目なのです。そういう意味で、失敗をしてクヨクヨするほうにばかりいってしまう人は全然駄目です。失敗が出来るということ自体が、生きている事のありがたさなのですから。

金子　伝記作家の小島直記*先生が、長く松下政経塾でご指導して下さっていました。その小島先生が今のリーダーに必要なこととして、三つ原則があると言うんですね。一つは生きている上でちゃんと原理原則を持っていること。二つ目は言行一致すること。三つ目は自分の人生にテーマを持て。これが志の三原則なんだと。

今日伺った執行先生の理想と小島先生の志といったものは全く同じように響いてきました。そのあたり、執行先生はどう解釈されますか。

執行　これは、言葉にすれば愛や信や義、仁などというもので、すべて同じものなんです。だから一番重要なことは、それらの価値を自分の命よりも大切なところに置けるかどうかということです。そこに置く決意というのは、自分以外は出来ません。いかなることがあろうと、必ず理想のために自分は生きるのだという決意。死んでもやる。命よりも大切だという決意がない限りは、過去のいろいろな人を見ていてもそうだし、私の人生経験でも理想は必ず潰えます。一番高い所でないと駄目なのです。二番目ではもう駄目。小島直記先生も同じだと思いますが、志も同じですね。二番目、三番目は何の意味もないのです。

今は民主主義の時代で、甘い時代ですから、命よりも大切なものと言うととても大仰に思われますが、まったく大仰ではありません。人間というのは、自分の命よりも大切なものは何かということだけが、その人の本当の価値観ですから。そこに理想を置かなければならないということです。

理想と言うと何か哲学的に高いもののように思うかもしれませんが、誰か一人を愛することだけでもいいのです。愛のために死ぬと決めたら、それでいい。誰か一人を本当に愛せるかどうかです。本当に愛したなら、それは理想になるのです。本当の愛だったら、誰かを一人愛すれば、理想の人生を歩める。これだけは確かです。

これを武士道の『葉隠』の中では「忍ぶ恋」と言っています。そういう言葉で、誰かを愛し続ける心というものを山本常朝は表わしてるのですね。「忍ぶ恋」というのは、死ぬまで知られない愛です。誰にも理解されない。山本常朝はそういう愛を、自分が死んでから火葬のときに出る煙を見て察して欲しいということを歌にも詠っています。そういう生き方です。そうすれば、ただ一人の人を愛するのも立派な理想なのです。つまり人類が誕生した時の重要な哲理である愛に生きたということになるのです。

金子　最後に会場から、質問はありますか。

——執行先生の集めていらっしゃる「憂国の芸術」のコレクションの一つである洋画家の戸嶋《としま》

靖昌《やすまさ》*との会話の中で、「絵画においては汚い色がきれいな色なんだ」ということを戸嶋靖昌が述べたそうですが百折不撓と関連づけて考えると、孫文で言うところの失敗の中に本質があったというような考え方と捉えていいのでしょうか。

執行 全くその通りですね。禅で言えば浄穢不二《じょうえふに》と言って、汚いものと美しいものは同一であるということ。蓮は泥沼の中から咲くということです。美しいものは必ず汚いものから出ている。汚い物というのは、挫折や不幸、失敗も含みます。その中からしか美しい生き方は生まれない。だから失敗とか挫折を「泥水をすする」という言葉で表現することもあります。そして、泥水をすするほど、清く美しいものが魂の中に芽生えるということです。それが必要なのです。戸嶋靖昌の「汚い色が綺麗なんだ」という言葉は、そういう意味だと確信しています。

金子 ありがとうございました。

執行 こちらこそ、本当にありがとうございました。皆様の前で話せたことを光栄に思います。またお会いしましょう。

3

誠に生く

現代社会の荒廃

執行草舟です、よろしく。京都大学の学生による「執行草舟読書サークル」の人たちに会えて大変に嬉しいです。今日は格別に気分がいいので、立ったままで、歩きながら講演をしたいと思います。

最初に、講義を始める前に心構えと言いますか、一つお伝えしたいことがあります。実は私は休みの日にほとんど外へ出たことがありません。十年、二十年に亘って、休日に外出することがほとんど無いのですが、珍しく今日は休日に外出したのです。本当に十年に一度くらいしかゆっくりとは街の景色を見ることがない。だから余計に変化がよく分かるのですが、そういう人間の意見として、一つ聞いておいて頂きたいことがあります。久しぶりに世間の様子を見て、本当に日本社会の質が堕ちてしまった、という印象を抱いたのです。本当に驚くべきほどの落差で信じられないほどでした。

今日は「誠に生く」というテーマで話そうと思っています。まさに「誠に生く」とは一人ひとりの命、つまりどう生きるべきかの問題になって来るので、いま我々の目に見える社会のような、軽佻《けいちょう》浮薄《ふはく》な遊び感覚の現状を、それが正しいとか良いと思うならば、これから話す「誠」ということは全く分からない問題になってしまいます。皆さんも歴史の本などを読まれると思いますが、今から話す内容は、日本でも外国でも構わないのですが、歴史的な人たちの心と対話するような、そういう観点からの話だと思って聞いてください。別に私が偉い人間だということを言いたいのではありません。私自身は読書が好きで、魂の問題を毎日、書物を通じて過去の偉人たちと対話しようとして来た人間です。是非、皆さんにも、そういう心持ちで今日の講演をきっかけに、魂の対話をご自分でやって頂きたいのです。

さて、それでは「誠に生く」ということについて話したいと思います。「誠」という言葉は聴き慣れているものだとは思いますが、それがどういうものなのかについて深く考えていきたいと思います。例えば、昔の人の言葉として残っているものの中に、貧しかろうが不幸だろうが、馬鹿だろうが気がふれていようが、誠さえあれば良いと言っていた人の記録が多く残っています。これは一人や二人ではありません。昔の書物に残すような業績ある人間が百人いれば、八十から九十人が、人生というのは何をやってもいいが、誠だけが重要なのだと多くの人が言っていたのです。では一体、その誠とは何なのかということです。

誠というのは自分自身の生命の中枢と関わる問題なので、基本的には教えてもらうことも出来ません。また、習うことも出来ない。つまり、自分の人生において、自分で命を懸けて、自分の誠を会得しなければならない。皆さんも私がこれから話すことを参考にして頂き、ご自分の誠というものを見つけていってほしいのです。

私の話はこういった精神論的な話が多いのですが、精神の話というと、今の人は苦手なようです。何を隠そう私も文学青年でしたが、昔は文学青年も多くいましたし、一歩間違えれば殴り合いの喧嘩をするほどの熱い文学論や哲学論をやっていたものです。だから私などは精神論には慣れています。しかし今の人は社会にそういう風潮が無いので、精神論と言っても、今日準備してきたレジュメのような目で見える形の資料がなければ、なかなか分かりづらい。何を話すのかと言う言葉を見ながら話を聴けば、内容が入ってくる。皆さんの理解を助けるためにレジュメを作っているのです。

レジュメがなぜ分かりやすいかと言えば、目に見える物質の形を取っているからです。文字は物質なのです。皆さんは知らず知らずに、物質を通して物事を考えるという習慣を子供の頃から付けられているのです。だからレジュメを見ながら話を聞けば理解しやすいということなのです。是非そうしてください。

家族・夫婦のありかた

さて誠とは何かに話を戻します。これは非常に難しいもので、先ほども言った通り、自分で会得するしかない。そのやり方をこれからお話しします。

人生論の根本は、基本的には死生観だと私は常々話しています。まず死に方を決めないと、生き方は決まらない。これが根本中の根本です。人間はいかにして死ぬのか、という点に向かって生きている。生まれた時に既に死ぬことが決まっているわけです。先に死に方を決めないと、生き方は決まらないのです。誠を知るためには、その点を強く思ってください。

いわゆる昔の人であれば、皆このことがよく分かっていた。私の祖父母の世代などと話していると、一番簡単な死生観だと「畳の上で死にたい」と言っていました。畳の上で家族に囲まれて死にたい、という一見平凡な望みですが、これは大変尊いことです。尊い望みを本気で持てば、「畳の上で死ぬ」ためには、どのようなことがあっても家族を大切にする人間になるのです。いくら家族を大切にすると言っても、自分が最後にどのように死ぬのかを決めていないと、簡単には実現できないのです。

昔の夫婦は良い悪いではなく、私の母親の世代まで皆そうでした。私の母親も生きていればいま百歳近くになっていますが、八九歳で亡くなりました。その母親がよく言っていたのは、夫婦というのは別に仲が良い必要はないし、愛し合う必要もない。母親の世代では知り合いなども皆そういう考えで、私は子供の頃からよく話して聞いていたものです。夫婦の死生観は何かと言えば、最後に一緒の墓に入れば立派な夫婦だということです。だから離婚も少ない。仲良くしなければ、とか余計なことを考える必要もなく、気楽だからです。今の人は変な意味で真面目になってしまったのでしょう。真面目だから離婚してしまう。そういう時代になってしまった。

私が言いたいのは、誰かと夫婦になったのならば、最後は同じ墓に入るということだけです。そう決めたら夫婦は簡単なのです。人生とは、そのように死に方を決めれば、生き方は数珠つなぎに繋がってくる。このことだけをまずお伝えします。そこからすべて派生してくるのです。

他人は関係ない

まず、今回の主題について考えるにあたって、誠とは何かということを把握しなければなりません。最初に、それは自己の生命の奥深くに宿る霊魂であるということを知って頂きたい。ただの魂ではなく「霊魂」です。「霊魂」がどういうものかと言うと、自分の命の根源であり、魂の根源です。自分が生きている謂われと言い換えることも出来るでしょう。自分とは何ものかということです。ゆえに非常に深い問題になります。それを日本人は簡単に「誠」という言葉で表わしている。

後で説明もしますが、最初に知っておいて頂きたいのは、極論すると、人間は自分の誠を持てば、悪人でもいい、馬鹿でもいい、何でもいいのです。現代は民主主義によって「善人教育」というものを皆さんは受けてしまっている。私も受けましたが、良くならなければいけない、良い人であらねばならない、そういう思い込みが強いのです。誠を理解するためには、一度それを取り払わなければなりません。

例えば銀行強盗であっても誠がある人はいるのです。我々が感動する西部劇などもそうでしょう。ブッチとサンダンスの『明日に向かって撃て！』は見たことがあるでしょうか。あの主人公たちは銀行強盗でした。しかし、あの二人の友情を観れば誰でも感動します。なぜかと言えば、あの二人の中には誠があるからなのです。誠が無ければただの愚連隊、ヤクザとなってしまう。しかし、誠があれば人に感動を与える人生になるのです。その人が銀行強盗でも、ということです。

というわけで、すっぱりと民主主義の教育をやめて、本当の人間の歴史的な生き方を理解する方になってもらいたい。その上で理解しようと思うと、割と簡単なのです。歴史的な人間の誠つまり「真心」といったものは、書物を通して、人間の文化を通して、山ほど蓄積して残っています。嫌と言うほど例題があります。私などはそういうものを毎日読んで、過去に生きた人たちの誠と、今の自分の生命をもって対話している。それが楽しくて、外などに出たことはありません。

私の特殊性とも言えるかもしれませんが、いままで友達をほしいと思ったことがありません。学生の時から一度もない。それに何かほしいと思うものもない。他人の愛情もほしいとは思いません。物質などは言わずもがなです。何もいらない。二十代からそうでした。出世したいとも思いませんし、金持ちになりたいとも思わない。

何よりも良かったと思うのは、自分の中に潜む誠というものに少しは気付くことが出来たことです。他人にどう思われるのかなどは、考えたこともありません。自分で言うのも変ですが、これが私の最大の長所と言えます。私がこういう人間だったので、親のことは死ぬほど好きでした。し、尊敬もし、両親ともに愛していましたが、父親には亡くなる日まで勘当されていました。誠を貫くには、そのような悪も必要だったのです。それは私の生き方の最大の欠点とも言えることかもしれませんが、仕方がないことです。

父親の生き方と私の生き方がまったく違うということで、父親は父親の生き方を貫き、私は私の生き方を貫くということです。親父は戦前のエリート思考で本人も超エリートでした。だから当然、私のような生き方は気に入らない。一流の公務員や官僚などや、市中会社なら三井・三菱などの名前がある所しか認めない。名前つまりブランドが超エリートであることが必須条件なのですから、仕方がありません。父親は九十六歳で死ぬまでその生き方を貫きました。私は勘当されていましたので、親父が死んでからやっと位牌に毎日手を合わせて対話しています。死んでからようやく、そう出来る仲になったということです。

現世的に言えば、父親に勘当されているというのは、碌なことではありません。分かってはいるのですが、誠とはそういうものなのです。父親と仲良くしなければいけない、父親にも親孝行しなければ、などと思ったら、決して誠は貫けません。自分の人生を生きていればそれが分かるようになる。自分の誠というものは、親がどうであれ、子がどうであれ、妻がどうであれ、関係ないのです。自分の命の中枢と自分の人生との対面なのです。自分がどう生きるかだけです。今日は、誠が何かということを知って頂けたらと思います。つまり、自己の生命を覆う霊魂が問題である、ということです。

土方歳三の生き方

もう一つ誠を表わすとすれば、「その人の生命がもつ動かざるもの」を摑むということです。「動かざるもの」とは何かと言えば、その人の命が与えられた「淵源《えんげん》」とも言い換えられます。私は命の研究をずっとしてきていますが、命というものは私も含め全員が宇宙から与えられている。これは一人ひとり、全員がそうなのです。親は仲介者です。昔の人は神と呼び、キリスト教で言えば皆、神の子だと言われた所以です。昨日ちょうど親鸞の本を読んでいましたが、親鸞が「人間はみな仏の子だ」と言っていることと同じです。宇宙から直接生まれたということです。そういうものが一人ひとりの命という「動かざるもの」を作っている。大きく言えば神ということですが、神の分霊としての一人ひとりの誠は、環境や時代によって少しずつ違うのです。だから、それぞれの使命を自分なりに摑まなければならない。自分の誠を摑むということは、その人の生命の「動かざるもの」を摑むと言い換えられます。

その肉体を劈《つんざ》き、魂の最も奥底を揺さぶる何ものかと言ってもいいでしょう。だから自分が生きて来て、自分が一番魂、心を揺さぶられたもの、それが皆さんにとって最も重要なのです。個々人で違うので何が正しいということは言えません。その人が自分の人生の中で最も心を揺さぶられたものです。子供の頃からです。それがその人の誠に近いものだと思ってください。そして揺さぶられたものを育てないと、本当の誠にはならないのです。必ず揺さぶられた何かがあると思うのです。その揺さぶられた何かというのは、自分が宇宙から与えられた謂われだと思ってください。それが誠に育っていきます。

　宇宙の謂われと対面することこそが、誠を感ずるということに尽きる。先ほども言いましたが、誠は善悪を超越している。だから善悪に拘ると分からなくなる。それだけは覚えておいて下さい。悪いことであってもいいのです。悪いことが駄目だというのは間違いで、誠が見えなくなっているのです。誠がある人というのは、歴史的に見て、子供の頃は特に悪いです。悪知恵がまず発達するからです。その悪知恵がいろいろな人の心に触れ、恩や義理に触れ、段々と良いことに傾いて行くのが誠なのです。悪いものの方が生命としては先です。もともと悪いほど、誠を知る可能性が強いと思って下さい。

　誠という言葉から思い浮かぶのは、私の好きな、そして皆さんもご存知の「新選組」があります。新選組では誠が旗にまでなっている。あのような人殺しの集団で、誠を旗にしているのは、世界中で日本人しかいません。だから日本人というのは気持悪がられるのかもしれませんね(笑)。でも、私も日本人ですからそれがよく分かる。新選組副長の土方歳三《ひじかたとしぞう》*が考えついたことです。新選組というのはともかく、幕府の三百年の恩義に応える、そのためには幕府に反対する人間は、全員叩き斬るという集団です。みなさんも新選組を扱った映画などを観ると心が動くと思います。なぜかと言えば、土方歳三や近藤勇*などが、全員、自分の命を義のために捧げていたからなのです。最後は幕府のために五稜郭まで行って官軍と戦って死ぬという、それが誠なのです。

良いとか悪いという議論は、時の政策であり、利害損得であり、主義主張でしかありません。そういうものによって善悪はまるで変わってくる。だから善悪で価値を考えると何も分からなくなる。自分のすべてを本当に捧げ尽くしたものは、そのすべてが良いということなのです。先ほど挙げたブッチとサンダンスもそうですし、新選組もそうです。とにかく新選組は子供の頃から私は好きでした。なぜ好きだったのかは、子供の頃には分かりませんでした。でも、要は格好いい。その格好よさの内実にあるのは、誠ということでしょう。まさに旗に掲げられた通りです。

誠について、土方歳三は新選組を作った二十七、八歳の時に、既に理解していた。土方歳三は剣豪としても有名ですが、子供の頃からとにかく喧嘩が大好きで悪で有名でした。だから誠を貫けたのです。新選組についてはいろいろな人が本に書いていますが、百冊以上、私は読んでいます。読んだ本の中に一つエピソードがあるのですが、官軍に負けて仙台にまで逃げた時に、仙台藩の家老か上級士族が新選組の邪魔をした。京都で新選組が見回りをしていた時に、土方歳三がその相手に対面したことがあった。そこで土方歳三が思ったことは、京都で会った時にぶった斬っておけば良かったと。それで悩むわけです。どうして俺はあの時にぶった斬っておかなかったのかと、凄い反省をする。これは今流に考えればとんでもない話かもしれませんが、そうではない。それが土方歳三の誠だということを知ってほしいのです。

人間は自由で平等

さて、誠に関連して、『論語』について少し触れたいと思います。実は誠の根本が『論語』の中で表わされているのです。孔子*が弟子の曾参《そうしん》*に言った有名な言葉があります。「吾が道は一《いっ》を以《もっ》て之《これ》を貫く」。有名な言葉ですが、みなさんはご存知でしょうか。「一を以て之を貫く」とは、一つのことを貫けばそれが一番重要な人生観になるということを弟子の曽参に話しているのです。ただ、孔子はその一番重要なことは何であるかは、具体的には内容を言っていない。孔子は偉い人物ですから、孔子の「一」は「恕《じょ》」だということです。これは何かと言うと、真心から出てくる思いやりのことです。まさに孔子と言えましょう。だから孔子は偉いのです。悪の土方歳三とは違う（笑）。でも、誠ということに関しては土方歳三も孔子も同じだということを言いたいのです。どちらも誠なのです。どちらが上、下ということは無い。誠を貫いた人の人生は、西部劇のブッチの人生も、土方歳三の人生も、孔子の人生も、社会的立場は違えども、人間としての誠は同じなのです。そういうことを本当の意味で理解して頂きたい。

こうして誠が理解されてくると、生命の本質が分かってきます。本当の意味で我々が全員平等だということとや、我々は生まれてから死ぬまで本当に自由だと分かるのです。誠が分かれば、平等ということの真実が分かり、愛の真実が分かり、自由の真実が分かります。私はまだ誠には達しているとは言えませんが、そこへ向かっているつもりです。ですから私は若い時からこの世を不平等だと感じたことはありません。私は差別がどうとか不平等がどうと言っている人のことは分からない。真の意味で、人間の命の尊さを分かっていないのではないかと思います。

自由の問題にしても、私は生まれた時から死ぬまで自由だと思っているので、不自由だと思う人がいる理由が分かりません。私はここに誠を理解するためのヒントがあると思います。自分の誠というものを持つと人間は本当に自由になり、平等を感じる。平等を感じるということは、親や縁者の人たちに恩義の心が出てくるのです。不満があると、中には親を恨んだりするようなとんでもない人もいますが、まさに誠が分かるか分からないかで、天地ほどの差が出て来るのです。

誠は自分の生き方の根源を支え、また死に方の根底を決定するものと言えるでしょう。この世界に一人として同じ誠を持つ人間はいません。だから自分の人生で、自分の力で見つけ出すしかない。そのために必要な生き方を、私は「体当たり」と呼んでいます。自分の運命に対して体当たりをして会得するしかないのです。

そして命を支えるものが誠ですから、悪人は悪人のままでもいいのです。この自分の人生を貫く問題を、最終的に武士道では切腹が解決するのです。どんなにみっともないことや悪いことをした人間でも、武士は切腹すればすべてが許された。こうして家も存続することが出来ました。昔は職分制でしたから、自分が切腹しさえすれば、世襲した地位は子供に継ぐことが出来る。切腹制度というものは、誠を実現する物理的な方法と言えます。だから切腹と同じことを、我々は精神的に行なわなければならないのです。

さらに、誠は絶対的に清らかで美しいものとして存在しています。いろいろな人の人生を見てきて、誠ほど美しい人生は無い。それが分かってくると、自分の誠とは何なのかを探求しようとする人生に入ります。自分の誠とは何か、それを摑みたいと思う人生に入ることが、誠の生き方そのものなのです。もちろん私も摑んではいませんが、摑んだ人間がいたとしたら、摑んだ瞬間にその誠は崩れ去ってしまいます。永遠に苦悩し、永遠に誠に向かうのが本当なのです。絶対的に清らかで美しいもの、到達不可能なものだということです。もう一度先ほどの話に戻りますが、汚くてもいいのです。誠というのは悪くてもいい、汚くてもいい、貧乏でもいい。貧困でもいいということは、貧困はこの世に存在しないということです。誠があればいかなる人生でも受け入れられる。

良寛上人《りょうかんしょうにん》*というと皆が、尊敬する人物だと思うでしょう。ところが良寛の生活は乞食同然です。それなのに、この良寛上人や一遍上人《いっぺんしょうにん》*を見て、なぜ皆が尊敬するかというと、あの人たちの人生に誠があるからなのです。宗教がどうとか、仏教がどうとか、道徳的観点から考えてはいけません。宗教で言えば、私はキリスト教が好きですが、聖ペテロ*や聖パウロ*の人生を見て感動します。聖ベルナールなども、途轍もなく感動をします。どうして感動するのかと言えば誠があるからなのです。その人たちの人生から浮かび上がる誠です。その誠に自分の誠が響き合うのです。

だから誠に向かう人生に入ると、誠に生きた人の、その誠自体にも感応しやすくなります。そういうことを私は読書で求めて頂きたいと言っています。これを現世で起こることに求めると、結果は良くありません。現世というのは何が起こるかも、何が確実なものかも分からないですから。私も武士道を貫くため読書をしていますが、自分が死ぬまでにいかなることが起きようと揺らがないために読書をしているのです。死ぬ前に意見が変わってしまうと、誠とはならないのです。

誠に生きた例

私は『葉隠』の武士道に生きて、『葉隠』に書かれている通りに生き、書かれている通りに死ぬ、と宣言しています。死ぬ前に弱音を吐いたら、私の『葉隠』の人生はすべて崩れ去る。だから私が死んだら、私が本当に誠に生きたかどうかを皆さんに判定されるということです。この地球上には誠に生きた人の人生が多くあるわけです。書物の上、文化の上に残っています。それらを自分の誠の参考にして頂きたいのです。

誠ということの絶対的存在を受け取ることによって人類が誕生したのだから、我々の存在に至るまで営々と引き継がれてきたものを知らなければならないのです。とはいえ歴史については、単に起きた事象だけを見ても全く役に立ちません。受験勉強で年号を覚えるなどは参考程度にはいいですが、極論するとどうでもいいことです。歴史というのは、この地上で誠に生きた人たちを知る、それが歴史なのです。必ず誠に生きた歴史は、記録としても残っていますから、その誠を知ろうとして読めば、山ほど文献はあります。これが歴史研究の醍醐味です。

過去に生きた人間の誠に触れ合う生活に入ると、外に出なくなってしまうのです。本当に私はどこにも行かない。酒も飲まない、ゴルフもしない、旅行もいかない。運転が好きなので、通勤では車で往復していますが、独立して四十年近く、家と会社の往復以外はほとんどありません。電車にも一年に二、三度しか乗りません。それが二、三十年は続いている。今日も最初に話しましたが、休日の都会というものも数十年ぶりに見ましたから、びっくりしました。これは本当に驚きました。もう、終末を感じましたね。

歴史というのは、人類が積み上げた誠を学ぶことが歴史なのだと思ってください。そして先ほども言った通り、誠には悪も不合理も何もありません。だから歴史というのは我々の祖先が生きようとした真心なのです。歴史家や宗教家が人間の「涙」と言い表わした、そういうものに触れるべきです。歴史的には我々の祖先が流した涙が、誠ということなのです。

『聖書』の「詩編」の中には「人間は涙の谷から生まれて来た」と書いてあります。キリスト教の出発点から、人間は涙の谷から生まれて来たと言われているのです。涙の谷とは何かといえば、一人ひとりの真心、誠ということに他なりません。この誠が積みあがって、今の自分に至る歴史が営まれて来たという意味です。

さらに、我々人間は各人に宿る誠によって人間存在となっています。日本人であれば日本人を日本人たらしめているのが誠です。日本人だけではなく、誠が人間を人間たらしめているものなので、何人《なんぴと》でも同じことです。

それにしても、ここに来てくれた京都大学の読書サークルの皆さんなどは大変に真面目で、勉強家かと思います。大体ここに来てずっと座っていること自体が偉いです（笑）。とはいえ勉強するのは大事ですが、今日の話でも些末なことを覚えるのではなく、大本の「誠」とは何かということを考えるきっかけとして頂けたら何よりです。現代社会問題も細かいことは政治的、経済的にいろいろと問題はありますが、そんなことより最も大きいのは、現代人が誠を失なったということです。誠を失ったというと一言ですが、極端に言えば誠がなければ何をしても駄目だということになります。これは大変な問題です。簡単に解決できる問題ではありません。昔の人の言葉だと、「神を失った」ということです。十九世紀からは科学によって宗教や信仰は完全になくなり、駆逐された。日本人が古代から重要視していた誠という言葉の方が、私は神よりも理解できるものだと思っています。

言い換えれば、誠を取り戻せば、最初に私が言ったように、馬鹿でも悪人でも素晴らしい人生を送れるということなのです。嘘でも誇張でもなく、歴史を紐解いて頂ければ、必ず分かります。土方歳三も一例です。もしも土方歳三が今生きていたら、人殺しだの犯罪者だと言われ、大変なことになってしまいます。今は許されない生き方ですが、誰が見ても感動します。映画を観るか本を読んでみて下さい。『新選組血風録』や『燃えよ剣』などの有名な本もお薦めです。間違いなく感動しますが、その根拠は誠を貫いた生き方だからだということを言いたいのです。

ヒューマニズムの嘘

この誠を失ったのが、私は今の文明だと思うのです。誠を失なうということは神を失なうのと等しいので、その結果として人間主導のヒューマニズム絶対の社会が出来てしまったのです。ヒューマニズムというのは、キリスト教であれ仏教であれ、昔の宗教が生きていた時代には神と共にあったものなのです。

神の掟とは、イコール宇宙の法則です。その宇宙の法則があって、初めてヒューマニズムには価値があった。キリストの言葉にどうして価値があったのかと言うと、イスラエルに途轍もなく厳しいユダヤの神がいたからなのです。この神は凄くて、罰する神ですから、日本人だと怖くて近づけません。人間のやることは、何もかも罰するという神です。ヤーウェという神です。この神の歴史が何千年も続いて、そこにキリストが出てきた。そしてキリストがヒューマニズムをこの世に持ち込んだのです。

途轍もない神の法則が人間の文明や生活を律していたのです。その中でキリストが言ったこと、福音書に書かれているのはすべて、神の厳しい掟の中に少しは赦しがあってもいいではないかということです。あまりにも神の言うことが厳しいので、少しだけ抜け道を与えよう、というのがキリスト教です。そしてキリストの言葉として、ヒューマニズムが出てくる。今は欧米の国々が武器として振りかざしていますね。ヒューマニズム、すなわち人権です。

ただ皆さんにも歴史を知ってほしいのは、欧米というのは人権を振りかざし、ヒューマニズムを振りかざすことによって、神を失なった。また、そのヒューマニズムを振りかざす欧米がアジアや他の国々を植民地にしたということです。そういう歴史的な背景が欧米にはある。ヒューマニズムというのはそういうものです。神を失なえば、実は人間の一番傲慢な武器になるのが、ヒューマニズムです。今は特にアメリカが振りかざしています。何かといえばヒューマニズムで相手を傷つけているのです。当然、自分は棚に上げて正義を振りかざしている。

これは誠を、神を喪失すれば仕方のない現象なのです。神の側面であった優しさ、赦しが、人間によって独り歩きさせられている。現在のヨーロッパは自業自得とも言えますが、自分たちがあまりにも人権を振りかざし過ぎて、そのブーメラン現象として自国に入ってくる移民なども、まったく止められなくなっています。だからこれからヨーロッパ文明というものは必ず滅びます。自分が振りかざした剣が自分に返って来ている。

ヒューマニズムというのはキリストの赦しから始まったが、ヒューマニズムに関して、キリストが言った最も重要な言葉があります。マタイ伝十章三四節で、神の掟が分からないのならば、女房とは離縁しろ、親子の縁は切れ、子供との縁も切れ、ということを明言している。親子の愛情も夫婦も神があってのことです。問題は誠があるか否かなのです。誠を持っていればいいですが、持っていなければ子供のために何かをやるとか、親のため、女房のため、夫のためなどということは、すべて嘘になる。そうキリストが言っているのです。

誠は人間存在の中で最も尊いものですが、自分自身の自覚と決意に拠らなければ決して誠を知ることは出来ない。つまり、心の一番尊いものですから、目に見えないものだという意味です。

私が好きな純愛の文学の一つに、中河与一*の『天の夕顔』があります。これは完全なプラトニック・ラブで、ある人に恋をして、その恋のために死んでいくという物語です。非常に素晴らしい純愛の文学です。私は今年七十四歳になりますが、毎月のように青春時代から感動した純愛の文学を読み返しています。つい一週間前にはアンドレ・ジッド*の『狭き門』を読み返しました。アリサとジェロームの純愛ですね。アリサがジェロームの愛を拒んで修道院に入る物語です。あの物語にも、アリサの中に誠を感ずるのです。キリスト教の信仰ということではなく、これは史実を基にしています。キリスト教は関係ありません。アリサの中にある誠ということなのです。純愛の文学は結構、分かり易いです。その中の一つに『天の夕顔』もあるということです。

その『天の夕顔』の中に、「すべて見えるものは、見えないものの崇高を証明するための存在でしかなかった」という言葉があります。この、「すべて見えるものは見えないものの崇高」、つまり、この「崇高」ということが誠なのです。誠というのは我々人間には当然ありますが、実は物質にもすべてあるのです。かなり詳しく深く捉えると、物質の中にも誠はあります。その物質がこの世に存在している謂われです。これは量子力学的にも説明出来る。私はそういうものも好きで研究しているのです。このコップの紅茶の中にある誠とは何かということです。これを考えながら研究すると、紅茶もまた味が違うのです。本当ですから、皆さんもやってみれば分かります。

次に悪いものの方が誠に近いというのは、やはり我々の肉体が持っている本能、そういうものが悪い方に出る場合が多いからでしょう。動物ですからそっちに出やすい。どうしても悪いものの方から動き易い。そこで悪いことをして失敗しなければ駄目なのです。この悪いことをして失敗しながら、段々と誠になってくるのです。

人から恨まれても

私は、二十世紀最大の知性人と言われているオルダス・ハクスリー*という英国の作家を物凄く尊敬していて、著作をしょっちゅう読んでいます。そのハクスリーが書いた人間の未来論で『素晴らしい新世界』という文学があります。我々人類が将来どうなるのかというものです。そのハクスリーが言っている言葉に「人類のために役立とうとする者は誰でも、この世に対しては虐待という結果で終わる」とあります。これは凄く重要なことです。本当に世界のため、人類のためを思えば、世の中では必ず恨まれるということです。理想は現世と衝突するのです。

私も自分の理想をもっていますので、皆から恨まれて生きて来ました。つい先日も社員から「社長はそうやって理想に向かうために人を責めるから、皆が落ち込むんです」と言われました。確かにそうなのです。責めているのではないのですが、人類に対して役立とうとすると、どうしても相手の足りないことや、嫌なことを言ったりして、虐待とも言うべき結果になるのです。子供に対する愛情も、将来、立派な人間になってもらいたいと思うと、やはり虐待に近づいてしまうこともある。その辺は皆さんもうまく抑制しなければ駄目ですが、誠にはそういう側面もあるのです。

私の子供にも小さな頃には、そうやって教えていました。今も変わりませんが、今では結構、孫などに好かれます。なんだか知りませんが、やり方が上手くなったのかもしれません。人間性は変わっていませんが、孫には好かれています。こういうのはやはり、誠の発展段階なのだと私は思います。

私の事例で話して来ましたが、結局は、自覚と決意に拠らなければ誠というのは絶対に分からないので、誠を分かろうとする決意を、皆さんも今日を限りに固めてください。誠を知るための努力こそが、人生論と哲学の中心課題と言えましょう。

私はもう七十四歳で恋愛などという年ではないのですが、それでも若い頃に感動した純愛の文学というのは、毎月読み返しています。ゲーテの『若きウェルテルの悩み』は今でも感動します。先ほどのアンドレ・ジッドもそうですし、先に挙げた『天の夕顔』とかを読むと同じ感動に襲われる。そういう感動を死ぬまで繰り返すというのが、誠を維持し、発展させるのに一番重要だということです。感動の仕方というのは各個人で違うので、他人から聞いても駄目なのです。自分が読んで、自分が感動しなければ駄目です。

人生論と哲学の中心課題や恋愛小説もそうです。皆さんも御存知だと思いますが、私自身は『葉隠』という武士道の本を小学生の頃から信奉しています。この『葉隠』の通りに生き、『葉隠』の通りに死ぬということを、全員に宣言しています。この通りに出来れば自分の誠が貫けるのです。それは死ぬ日までどうなるか分かりません。私は必ずやる決意でいますが。そこが凄く重要な点です。同じ哲学論や人生論を談義しても、自分の人生の誠と照らし合わせなければ、単なる遊びになってしまうのです。

『月と六ペンス』の反応

私は自分が読書家なので人にも読書を勧めていますが、現代ではどんなに本を読んでも全然何にもならない人が多いです。それは読み方が違うからです。やはり読書というのは、自分の人生と照らし合わせて読まなければ駄目です。例えば私が高校生の頃、今七十四歳の人間が高校時代というと、もう五十五年も前です。その頃は私の親しい友達の中にも、文学論の出来る仲間がたくさんいました。例えばドストエフスキー*を読んで、自殺する人間もいました。それから、回復不能なほど精神を苛まれる人もいた。ドストエフスキーの、あれほど巨大な文学となると、もの凄い力があるのです。潰れるのか、乗り超えるのかは、各個人の問題なのです。一般論はありません。でも、今の人には乗り超えるための誠がない。

私も一度ある青年をやり込めたことがあるのですが、講演会でサマセット・モーム*の『月と六ペンス』について話していた時です。画家として生きようと思った男の有名な話です。家族も捨て、家も捨て、最後はタヒチに移住したゴーギャン*がモデルになっています。最後に主人公チャールズ・ストリクランドが絵を描いて、その絵に火をつけて自分も死ぬという物語です。これは、人生がひっくり返るほど私が影響を受けた本です。それを勧めたらある学生がすぐに読んでくれたのですが、「読んでどうだった? どう思った?」と聞いたら、「いやぁ、凄く面白かったですよ」と言うのです。頭に来ましたね、あれ(笑)。だって、一人の人間が人生を失っていく話ですから。それを今の人は面白いって言ってしまうのですよ。読み方が違うのだと私は思います。やはり深刻な打撃を受けなければ駄目なのです。深刻になるのが普通です。そういうものを今の人はあまり持っていない。だから取り戻すしかありません。『月と六ペンス』です。皆さんも是非読んで下さい。人生がひっくり返るほどに、私が影響を受けた本です。そして自分の生き方と比較して苦悩してください。

そうすれば、この物語からチャールズ・ストリクランドという人の誠を感じ取ることが出来るようになるのです。誠というものがすごく冷たく感じることもあり、酷いことだと思うこともある。ですから皆さんが誠を持ったとして、決して他人から褒められ、上手くいくとか、そういう類のものではないのです。逆に好かれたい人、良く思われたい人、褒められたい人は、まったく誠が持てなくなる。私はそれが現代社会だと思っています。外面的にはいい人が多いけれども、まったく誠がない。薄っぺらのペラペラと言いますが、私はそう思います。特に十年ぶりに外を見ると、間違いないですね。あの顔には誠がない。あればああいう顔では歩けないです、本当に（笑）。

そして自分自身の誠に死することを、真の死生観と我々は呼んできた。『葉隠』の通りに生きて『葉隠』の通りに死ぬということが、良いとか悪いとか言う問題ではなく、私はそういう志を立てているということです。皆さんも私と同じものではなく、それぞれにあるはずです。それを育て、自分なりに誠を摑まなければ駄目だということです。簡単というと、語弊があるかもしれませんが、畳の上で死ぬというのも一つの誠です。私にとっては、たまたま『葉隠』、武士道が誠でしたが、誰か一人の人を愛するということでも良いのです。愛に生きるということは、最も尊いことです。誰か一人のために生き、誰か一人のためにすべての人生と、すべての命を捧げ尽くすのです。これが本当に出来たら、それは誠だと言えます。

純愛文学というのは、別に主義主張がどうとか、そういうものではありません。ただ、私なども純愛文学というのは、今でも一番感動するのです。しかし、私が見ている範囲では、そういう純愛は本当に無くなってしまいました。特に今はありません。どんどん利害損得だけになっています。奥さんに優しくする亭主というのは、優しくする方が自分に得だからです。顔に書いてありますから分かります。もちろん女性の方がいいというわけではありません。どちらも似たりよったりです。そういった自分の都合による誤魔化しの愛ではなく、本当に愛するのなら、ということです。誠も一番大切なところは、この「本当なら」ということです。「本当なら」銀行強盗でもいいのです。

新選組のような、有名な殺人集団を作り上げた人たちも、本当の誠でやったのです。だから感動するのです。素晴らしい人生だったと思います。何百年たっても、皆が思うのですから、それが誠だということです。

ダンテの恋

誠は我々の人生において初心の中に息づいているものと言えます。初心というのは、皆さんも必ずいずれかの折に感じていたはずです。学校に受かった時、結婚した時、子供が生まれた時、何か嬉しかった時です。就職が決まった時など、必ず皆さんの中に、途轍もなく美しいものが魂の中に芽生える瞬間があります。これに関しては私は、いままで例外なく見て来ています。その人間が持っている一番素晴らしいものが出て来る。受験で一番憧れている大学に受かったとか、その時の心が誠なのです。誠を育てるということです。

3

次に実例による誠の概念を把握していきたいと思います。ダンテ*は私が一番好きな詩人の一人です。ダンテの『神曲』は、もう何十回読んだか分かりません。愛読書の一つです。そのダンテが二十八歳の時に書いた『新生』という恋愛の長編詩があるのです。ダンテは有名なので皆さんも御存知だと思いますが、ベアトリーチェという憧れの恋人が二十四歳で死んで失恋しました。ベアトリーチェとは、ダンテが九歳の時に出会っているのです。それからダンテは死ぬまでの間、ベアトリーチェのことは、翻訳語のまま伝えると、「憧れの君」、「あえかなる君」として捉えていたのです。そういう位置に置いて、ベアトリーチェを愛することだけが、ダンテを作り上げた。ダンテは政治家でもあり、それがまた『神曲』という世界文学史上最大の文学を書くという原動力ともなりましたが、出発点はベアトリーチェへの忍ぶ恋です。そのベアトリーチェのことを歌っているのが『新生』です。

『新生』の冒頭に、ダンテが九歳の時に彼女に対して抱いた想いが書かれている。「ここに新しき生《せい》が始まる」とダンテが第一ページに書いています。ダンテの偉大さは、ベアトリーチェと出会い、ベアトリーチェを愛して憧れ、仰ぎ見た時の自分の気持を死ぬまで保持したということなのです。これがダンテの持っていた誠なのです。他のダンテの業績は誠が成したいろいろな仕事であったという捉え方です。「ここに新しき生が始まる」という名言は皆さんも覚えておいた方がいいですよ。是非書いておいて下さい。ついでにラテン語でも覚えておくといいです。《インキピート・ヴィータ・ノーヴァ　Incipit Vita Nova》と言います。ダンテはラテン語でこの言葉を書いています。「ここに新しき生が始まる」という初心です。これをずっと保持する。初心こそがその人物の最も美しい心、清らかな心なのです。高校も大学も落ちた人もいるかと思いますが、その時に抱いた気持が暗く、汚らしくてもいい。憧れの高校、憧れの大学に落ちて打ちひしがれたという気持です。これを自分の本質として、絶対に忘れないではぐくみ育てれば、大学に落ちた暗い気持でも時間の洗礼によって、美しい誠になるということなのです。

そもそも誠というのは成功哲学ではないのです。受かって喜ぶというのは誰でも分かり易い初心の気持です。それをどのくらい大切に出来るか、どのくらい抱きしめていられるかに人生はかかっている。我々は努力ということを簡単に口にしますが、初心を継続するための努力だけが、本当の努力なのです。努力という言葉の淵源には「初心の継続」という意味がある。これは言語学的にもそうなのです。この初心の中に誠があるということを覚えておいて下さい。誠というのは非常に分かりにくいので、自分の中で何が誠なのかを明確にしておかなければならない。それぞれの初心、入学した時の喜び、結婚ならばやはり結婚したての時の喜びです。これが初心です。

初心を思い返す

私は結婚し、子供が生まれて三ヶ月で運悪く妻がガンで亡くなったので、結婚生活は本当に短かった。私が三十三歳の時で、二年二ヶ月しか結婚生活は無かったのです。その後、再婚もしないで今七十四歳まで来ています。私にとっては結婚していた二年二ヶ月というのは、今までも経験もないし、これからも無いと思います。妻と巡り合って結婚できましたが、その時の喜びは今でも昨日の出来事のようによく覚えています。自慢ではありませんが、私は全くモテたことが無く(笑)、ただ一人、私を好きになってくれた人が死んだ妻だったのです。その妻と結婚した喜びは、七十四歳になった今でも、一日も忘れたことはありません。だから私の誠に育ったのだと思います。誠の力が、七十四歳になって、純愛の文学を読ませている。誠とはそういう力なのです。

初心とは結婚ならば、結婚出来た時の喜びです。子供が生まれた時もそうですね。子供がいる方は分かると思います。子供が生まれる、孫が生まれるというのは、途轍もない喜びです。私が言いたいのは、その気持を保持できるかどうかが問題なのです。保持し、はぐくみ、育てるということです。そうしていくうちに、いつの時点からか自分の誠になっていくのです。だから、具体的な項目がこれと言いづらいので、誠というのは説明が難しいのです。誠はなんでも良いと言えば良くなってしまう。偉大なことだと思うと間違いです。割と簡単なことにある。簡単なことですが、育てたかどうかの違いです。

初心を信じ愛し続けた人間は、誠に生き、誠の中に死ぬことが出来る人間となる。貫くとは、初心を貫くということです。最初に人間の生き方として、私で言えば男なので男の生き方として、小学生の時に武士道に憧れ、『葉隠』の思想に憧れたのです。これが、私が七十四歳まで貫いている初心です。あとはこれで死ねるかどうかです。これで死ぬ気ですから、期待して見ていて下さい。何度も言いますが、死ぬ前の日に折れても駄目ですから。もちろん、絶対に折れない決意を私は持っています。結構大変ですよ。私は自分の弱さを知っていますからね。絶対に折れないために、自分の弱いものが出ないようにするにはどうしたら良いのか、そういう準備です。格好をつけたまま死ぬということは結構、大変なのです。だからその準備をするのも私の人生なのです。最初に言った、死に方を決めておけば、生き方は自動的に決まるものなのです。私の場合は『葉隠』だということです。

　私は会社を経営して四十年以上経ちます。それだけの期間に亘って経営したので、はっきり言えます。私は人生で一番苦しくて厳しい時に、創業の志を立てたのです。子供が生まれて、妻が死んで、子供を背負って、貯金もすべて妻の治療で使い果たし、一文も無くなっていた。私の人生で一番苦しい時に自分がどういう事業をやるのかという、独立の志を立てたのです。その後、商売は割と順調にいったのですが、逆境だろうが順境だろうが関係ない。私はそういう苦しい時期に絶対負という思想を確立していったのです。そして、それを経営哲学の中心に据えている。その創業の志を毎日思い返さない限り、経営は出来ない。そうしなければ、この世では必ず流されてしまいます。

　もちろん私も少しは流されるのですが、私は毎日、夜に家に帰ってから創業の志に立ち返っていますから、何とか保持しているのです。何かの事業を創業した志を思い出すというのは、誰でも弱い人間ですから同じく必要だと思います。もしも皆さんが将来に事業を起こしたとすれば、毎日、一番美しかった最初の初心を思い起こすべきです。そこに毎日立ち返らなかったら、皆さんが初心で望んだ事業は出来ないということです。立ち返ったとしても、なかなか出来ないですから。私の初心を分かっている人間は、周囲に一人もいません。初心に関しては自分だけで創るものです。もちろん家族も分かりません。子供も孫も分かりません。当然従業員も全員、私が立てた初心は誰にも分かりません。その中で、ただ一人で死ぬまでやらなければならない。それが初心です。

だから私はモットーとして自分が掲げているのは、「ただ独りで生き、ただ独りで死ぬ」ということです。これは私が自分で作って重要視している言葉なのです。これが無いと、初心は創り上げることが出来ません。それをやることによって、この世の中で価値のある事業を何とか続けることが出来るのです。

善悪を超越する

初心について文学者の保田與重郎は文学論の中で「清らかな心が崩れるとは、精神が崩壊することである」と言っているのですね。だからこの「清らかな心」が初心だと思ってください。清らかな心が美しいということではありません。どんな惨めな経験であっても、その暗く惨めなことが初心になっていれば、それを大切にして、いつまでも繰り返し思い出すことが出来る。ここから立ち上がるぞと思えば、それが初心になるということなのです。いずれ皆さんが挫折し、惨めな思いをしたものとして、それを誠まで育てていくと、美しく清らかなものへ変わっていくのです。

先ほど挙げた言葉は、保田與重郎の六十年以上前に書かれた本の中にありますが、清らかな心を失う最も危険性の高い社会とは、資本主義の社会だと言っています。そう保田與重郎が述べている。その資本主義が行き着くところまで来たのが、現代のグローバル社会です。今は推して知るべし、でしょう。ついでに言うと、清らかな心が華やぐのが、歴史的には現代人が最も嫌う主従関係の封建主義だということです。

小林秀雄*という有名な評論家がいました。私は若い頃に随分と親しく交流させて頂いたのです。その小林秀雄が日本人の最も日本人らしく、今の日本の歴史が非常に魅力的になったのは、鎌倉時代のおかげだと言っていました。それを私は二十歳の頃に直接聞いたのです。鎌倉時代が無かったなら、日本はたぶん、三流か四流の国で終わっていたのではなかろうかと。

この鎌倉時代が南北朝と戦国時代に繋がっていくのですが、時代的には独立自尊でありながら、主従関係の最も厳しかった時代なのです。封建的な武士道が成立した頃ですからね。貧しくかつ主従関係が厳しい。その時が、日本人が一番文化的にも心が躍動していたのです。これは彫刻やほかの芸術作品を見ても、鎌倉時代が頭抜けています。しかし現実生活では一番不幸だった時代だということなのです。道端にはいつでも行き斃れた死体が転がっていた。どこに行っても人が死んでいる。そういう時代が鎌倉時代だった。しかしその時代が、日本人の心が最も躍動していて、日本の歴史を最も価値あるものにしていたのです。

何度も話して来ていますが、誠は善悪を超越した所にあります。つまりその人間の運命を司る宇宙的実在の中に実存しているのです。つまり誠というのは、宇宙の力を言っているのだということです。その宇宙の力が一人一人の体内に入り、魂の中に貫徹している。それを感ずるのが誠の力なのです。そしてその誠の力は、目の前に起こることに体当たりする以外は、発揮できない。だから悪は悪のままに生きて死ぬ。その体当たりの本気の人生だけが、悪を善に転換する力となるのです。

革命や戦争を見れば、よく分かります。革命も戦争もやっていることは、悪に決まっている。しかしそこから多くの善も生まれてくるというのは、歴史を見ても分かると思います。要するに、悪を善に変える力というのは、宇宙の力なのです。我々人間にはありません。我々人間の場合には自分が善だと言った人間が、一番の悪人に成ってしまうのです。宗教的に言えば、我々人間には悪行しか出来ない。もともとは動物と変わらないのですから。その悪行が善に変わることが、誠の力なのだと言っているのです。しかし、もともと人間のやっていることは悪だということです。これは宗教の基準となっています。

誠に生きている人や、人生を謳歌している人というのは、地上の価値は全部否定しています。

三島由紀夫氏とも、私は高校生の頃に親しく付き合わせて頂きました。その三島先生も、よく「青空と雲による地上の否定」と言っていました。青空と雲というのは、天のことです。我々の気持が最も大きくなる天を目指せば、地上はすべて否定しなければならない。それが誠ということなのです。だから地上が好きな人には、誠は絶対に貫けない。これは重要ですから覚えておいて下さい。地上が好きだったら、誠は育めないということです。誠というのは自分と天との対話ですから。対話によって育むということです。

悪即善　善即悪

私が今話したことを哲学的に証明しているのが、有名な西田幾多郎*です。絶対弁証法というやり方で証明しています。無限弁証法とも言えますが、西田幾多郎がその『善の研究』の中で提唱している。これを言葉で言うと「絶対矛盾的自己同一」と言います。覚える必要はありませんが、この言葉が日本哲学の真髄になっているのです。「悪即善　善即悪」の方程式ですね。これを会得するのが人生だということです。

悪はそのまま抱き締めれば善に変わりますし、善を掲げれば悪に変わるということなのです。最も重要なことは、すべての事柄が悪から始まるということに尽きます。悪から始まって、無限弁証法の「悪即善　善即悪」の無限の回転エネルギーに、我々の人生は入っているということなのです。そして悪から始まるということを知っていれば、必ず実り多いものになるのです。

仏教でも美しい蓮の花は泥中より生まれるという、あの言葉と同じことを意味しています。福音書では、キリストがすべてを捨てて神の道を説く。そして最後には十字架に架かる。あの十字架への道を選んだ始まりは何かと言えば、悪魔との対話です。サタンとの有名な四十日の対話です。四十日間サタンと渡り合うことによって、キリストが神の道へと向かうようになったのです。だから始まりは悪なのです。キリストも全部悪から始まった。そして始まった悪を、一つひとつキリストは自分の中で苦しみながら、否定しながら、あの四十日の断食を行なった。私はあれがキリストの誠を作り上げたものだったと思うのです。しかし悪から始まっていることはすぐに分かります。現代人のように単に「悪いから駄目だ」と蹴散らさなかったということです。悪をきちんと悪として抱き締めた、というのでしょうか。そして悪と対面し、悪と戦いながらやっていた。そうすると誠が醸成され、知らないうちに善に変わっていく。

善悪を超越したもの、これは倉田百三という私の大好きな作家の『出家とその弟子』の中で問うている言葉です。『出家とその弟子』には浄土真宗の親鸞のことが書かれています。その中の私が好きな言葉で「自分の魂の本当の願いを殺すのは、一番深い罪である」と書かれている。これは親鸞の中心思想であると倉田百三が言っているわけです。その通りだと思います。本当の願いというのが誠ということです。一番深いものを愛する生き方が、誠に死すということに尽きます。

また繰り返ししつこく言いますが、善悪ではないのです。江戸時代の武士の誠、つまり武士が本当に武士らしい人生を送る誠は、仇討ちだったということを読んだことがあります。江戸時代は仇討ちも誠の証明ですから、そういうことの意味を考えて頂きたいということです。人を殺すことは悪いとか、そういうことで物事を片付けたら、何もかもマスコミの言う通りの人生しか送れません。もっと歴史の奥に入ってほしいということです。

罰してくれる世の中

次に、誠とは、「已《や》むに已まれぬもの」という意味だということを説明します。山鹿素行《やまがそこう》*という武士道を解説した非常に有名な学者の言葉です。誠というのは言葉にならないので、「已むに已まれぬもの」という風に覚えて頂きたい。だから悪くても良いと言っているのです。それで、已むに已まれぬことだから、悪い場合は罰せられることがある。この罰せられることも重要なのです。逆に罰せられなければ駄目なのです。かくいう私も罰せられる人生でした。特に私は子供の頃には喧嘩が好きでした。池袋西口の番長だったのです。警察の留置場にも五回も御厄介になっているのです。くれぐれも言いますが、刑務所ではないですよ（笑）。喧嘩などで捕まると、留置場に一日放り込まれる。中学、高校生の頃は親が迎えに来て、謝って帰してもらうということです。著書にも書いているので、読んだ方は知っているかと思いますが、仕方がないのです。

私が言いたいことは、罰せられるからいい。

私が若い頃は、まだ何をしても社会が罰してくれたのです。これは有難いことでした。今は学校や社会を見ても、罰しなくなっています。私の父親の話をしますが、死ぬまで私のことを勘当していましたから。ああして罰しているということなのです。父のエリート志向の通りに生きない息子のことは、昔の父親であれば許さないわけです。それでも私は自分の信念を貫くという生き方を、やはり父親から学んだと思っています。父親はエリート志向を貫いたということなのです。私はその貫くものが違っていたということだけです。

已むに已まれぬというのは、清純で不純を一切含まない、心の真底や奥底を言います。純粋なものだけが自分の人生を作る力がある。そして自分に訪れる運命は、すべて清純だということを信じてください。ものすごく不幸でものすごく悪い運が巡ってきても、その内実は必ず清純です。そして美しいのです。

私もたびたび不幸な目に遭い、また、医者から死を宣告されたことが四回もあります。しかしすべてが素晴らしい経験でした。結婚の話もしましたが、子供が生まれてすぐに妻が死ぬなんて、世間から見れば不幸なものです。しかし、私にとっては一番美しい思い出なのです。今の私を支えている大きな一つです。母親のことも大好きだったのですが、私が育った頃は、うちはまだ大家族でした。だから小さい頃には母親と二人きりにはなかなかなれなかった。祖父や祖母も周りにいるし、近所のおじさんやおばさんまで昔は出入りしていましたから。近所の人の方がうちの中までよく知っているんですからね。笑い事じゃないですよ。だからよく、何かが無くなると隣に聞きに行ったものです。そうすると「ああ、あれは鏡台の二番目の引き出しに入っているから」とか、隣の人の方が教えてくれるんですから。そういう時代でした。

本当の素直

私は小学校に入るときに大病をして、半年間入院して入学が一年遅れました。二千人に一人しか助からないという病気でした。肺の病気で運よく助かったのですが、あのマレーの虎と呼ばれた山下奉文《ともゆき》*の息子の山下九三夫《くみお》*先生という、当時世界一の胸部外科の名医の先生が執刀してくれました。そういう命の恩人の方に助けて頂いた。東京国立第一病院という所に入院していたのですが、半年間、毎日毎日、抗生物質を注射されて、痛くて毎日泣きわめいていました。昔の抗生物質は米軍払い下げで、純度が低くてどろどろの白濁液です。こんなビール瓶みたいな注射を毎日何本も打つのです。

そのために、腕も足もお尻も石のように硬化しました。そして打つ場所が無くなって、くるぶしの骨にドリルで穴を空けて、そこから骨髄の中に打つというのをやっていました。私も子供だったので、泣きわめいていたんです。毎日毎日、痛くて死ぬほどの苦しみでした。しかし七十四年間生きてきて、あの時期ほど幸福だった時間は無かったのです。なぜかと言えば、私が病気だったので母親がずっと付きっきりで、付き添ってくれたからです。毎日母と二人きりで、あの時ほど楽しかったことは無かったのです。一般的に言えば不幸なのですが、私の原動力であり、一番美しい思い出になった。このお蔭で何でも乗り超えることが出来るようになったのです。

私はこの思い出を思い出さない時はないのです。妻や母親との思い出は、すべてのことを乗り超える原動力となっている。私の中で、妻の存在や母親の存在というのは、誠に変わってきているのです。思い出から誠へと変わり、自分の心の中に養われている。それを皆さんにも同じようにやって頂きたい。これが已むに已まれぬということです。

そしてこれが本当の意味での素直ということなのです。素直になると、青春が甦って来ます。根源的生命力が出てくるのです。この根源的生命力が誠を作り出す原動力だということです。だから生命力がないと誠は出来ません。毎日養い育てるのですから、生命力がないと出来ないのです。

以前にＰＨＰ研究所から本を出したのですが、その時にＰＨＰ研究所をよく訪ねていました。ＰＨＰ研究所の中には、松下幸之助の書が飾ってあったのです。松下幸之助は本当にたくさんの書を書いているのですが、私が一番感動したのは「青春」と「素直」という書でした。松下幸之助の書では、この二つの書が一番上手い。一番感動する書です。目に焼き付いていまだに忘れられません。だから松下幸之助もたぶん、「誠」を大切にする方だったのだと思います。

草莽として生きる

先ほど歴史上の人物では、山鹿素行の話を少ししましたが、吉田松陰も私は好きです。吉田松陰が山鹿流軍学を学んだ者として、和歌を遺しています。これは米国への密航が失敗して、犯罪者となり長州へ罪人として送られる時のものです。

かくすれば　かくなるものと　知りながら　已むに已まれぬ　大和魂

この大和魂が、もちろん誠なのです。分かっていても、どうしても抑えられないものということです。これは有名な歌ですが、最後の遺言にもなった『留魂録』というものがあります。そこにも大和魂の歌がある。

身はたとひ　武蔵の野辺に　朽ちぬとも　留置まし　大和魂

松陰が亡くなる前の最後の歌です。私は執行草舟の名前で本を書いていますが、「草舟」というのは、実は吉田松陰の言葉から取っているのです。「雑草の如くに生き、雑草のようにして国に尽くす。自分は名誉も何も得ずに、雑草のように死んでいく」という思想を吉田松陰が「草莽《そうもう》崛起《くっき》」という言葉で表わしているのです。その言葉が子供の頃から好きでした。私は歌を詠むのですが、五十二歳の時に歌人としての雅号を、執行草舟という名前にしたのです。「草莽崛起」から取ったということです。私の志なのです。吉田松陰の誠というのは、愛国心に死することであった。その死生観が松陰を創ったのです。

誠は人間に与えられた人間として生きるための使命のことです。最も手近な所にその真実がある。この手近な所は先ほども話した通り、自分の生活、宿命、運命の中にあります。そういうものを抱き締めるということです。それが初心です。初心を抱き締めることによって、自分の人生で体当たりが出来るようになります。そして体当たりによって現世を超越するのです。

超越すると、罰せられることもあるし、失敗することもあります。自分の不甲斐なさで泣くことになる。これを慟哭と言います。地上に反抗して自分の誠に生きれば、必ず初心があり、それを超越し、そのことによって失敗し慟哭に至るという。これを繰り返すことになります。そうすることによって、誠が少しずつ出来ていくのです。私は不幸というものを抱き締めながら生きているから、不幸が私の中の幸福の基になり、不幸が育って誠になってきたのです。

皆さんが誠を考えるときには、横には一切それは見当たらないと知らなければなりません。横とは三島由紀夫の言っていた「地上」のことです。この地上の水平方向の成功や幸福を否定しなければならないという意味は、皆さんの誠の参考例はこの世に同じものは無いということです。

横には無いということです。テレビも違うし、友達も違うし、家族も違うのです。それは家族の家系の中に存するのです。親でなく親戚でもなく、死んだ人がいい。自分の中の家系に誠に至る、生命的垂直、肉体的垂直を表わす何かが含まれています。

とにかく、横には無く、特にマスコミにはありません。友達にもないということを覚えておいて下さい。そして誠は必ず自分にとっての垂直ということなのです。吉田松陰の垂直というのも、日本の歴史の中では大和魂という、愛国心が創った。皆さんも自分の国の民族を振り返るとよいです。その民族の歴史の中に誠が潜んでいる。愛国心が各人の誠を紡ぎ出すと言えましょう。祖国の歴史がその人の精神的垂直を創り上げるのです。

垂直を仰ぐ

ドイツの哲学者ヘーゲルが、「民族の精神の中に個性が宿る」と言っています。要するに、我々を創り上げているものは民族の歴史だということです。これは、言葉としては垂直ということです。だから、現代社会を見る人は駄目なのです。現代社会ではない。日本人ならば、日本の歴史を観なければ駄目なのです。少なくとも個人であれば、死んだ人でなければ駄目です。そうでなければ垂直にならない。私のことも、生きているから参考にしては駄目です。誠が貫けたことが確定する、死んだ後になら参考にして下さい。

言葉では垂直ということです。人類的使命として存する誠は、この手近な経験を本当に愛し抱きしめることに尽きます。だから誠を愛するとは、自分の運命を愛すること、運命を抱き締めることなのです。先ほどハクスリーの「人のためを思うと、ある種の虐待となってしまう」という話をしました。そのハクスリーが、「経験とは自分に起きたことではない」と言っている本があります。「起こったことに対して、自分が何をしたのかだけが自分の経験だ」と言うのです。その自分が何をしたのかということが、私が言う体当たりということです。それだけが自分の経験として積み上がっていくことで、誠を大きく育んでいくのです。

人間として生きる死生観、つまりその人の誠は、すべての人の中に生まれながらにして宿っているのです。すでに宿っていますから、探さなくてもいい。後は育てる、はぐくむのです。どんな些細なことでもいい。どんな暗いことでも、惨めなことでも、どんなに悪いことでもいいのです。元々、喜びとか清らかなことならより良いというだけです。そういうものを自分の中で独自のものとして育ててほしいのです。自分独自なものにすると、誠になるということです。

最後に注意なのですが、誠は自分だけのものですから、家族も恋人も、女房も亭主も子供も孫も誰も理解してくれません。これだけは覚えておいて下さい。理解してもらおうと思った瞬間に、私の人生経験でも分かっているのですが、自分の誠は崩れ去ります。人に分かってほしいと思うと、自然に誠というものは無くなる。本当に雲散霧消します。昨日まで清らかで正しかったものが、人に分かってもらいたいと思うと、利害損得になって行くのです。必ずそうなるのです。だから誰にも分かってもらおうと思ってはいけません。

世の中にはあなたの誠が分かります、と言う人が結構いるのです。うちの社員なども言います。だから自分でそういうことは否定しなければいけません。分かるわけが無いのですから。これは嫌味で言っているのではなく、他人には絶対に分からないのです。その絶対に分からないものを、大事に抱き締めてはぐくんで、育てなければいけないというのが、今日の誠の話なのです。

そして、その誠の中には必ず、一人ひとりが生まれた時に宇宙から与えられた使命があります。それは生まれた時から自分の中に宿っているので、探さなくていいのです。これは全員ある。私はそういうことに気付いてから五十年以上、いろいろな人と話していて、誠が無い人はいません。どんな不幸な人にも、どんな悪人にもあります。全員が使命を持って生まれて来ているのです。自分として、この地上でやらなければならないことがあって生まれて来たということです。それを抱き締めて生きようとすることが、誠に生きるということです。誠に生きようとすることで、必ず誠に死ぬことが出来る。最後に、死ぬことによって誠は完成するのです。

質疑応答

愛国心とは

――先ほどから何回か出て来ている「愛国心」とはどういうものなのかを教えて頂きたいです。

執行　愛国心とはどういうものかですね。これは一言で言うと難しいかもしれません。しかし、人間が生きるのに一番大切なものは何かと言えば、自分の人生、自分の命、それを何に捧げるかということです。そして、愛国心というのは自分の命を国に捧げるということです。政治のことを考えると分からなくなります。政治家の顔を思い浮かべたり、政治のことを考えると、何もやらなくてもいいやと、自分を許すことになって真の愛国心にはなりません。国のためにやらなくても良い、ということにたぶんなってしまう。政治家の顔が浮かんでくると、何かをやるのが馬鹿々々しくなってくるのです。愛国心というのは、本当にそうなのです。

だから吉田松陰も言っていることはただ一つで、日本の歴史、日本の民族のことです。我々の祖先がどういう苦労をし、どういう涙を流して今のこの日本の文明を創って来たか。それについて勉強して分かるようになると、そのために自分の人生のすべて、肉体の命は当然で、精神も心も全部捧げようと決意すれば、それが本当の愛国心になるのです。

全部を捧げるのでなければ、それは愛国心ではなくて国が好きな程度ということです。大体、自分の生まれた国は誰でも好きですよ。家庭でもそうです。自分の生まれた国や家庭は好きに決まっています。愛国心や愛というものは、その程度のものではない。あなたはまだ若いから、これから愛国心を育てなければならないということです。でも、愛国心を知ろうとするのは、非常に尊いことです。是非育てて下さい。育てればあなたの誠になります。

あなたは十八、十九歳くらいでしょうか。その若さでそういう国を愛することを考える人間は本当に少ない。非常に尊いことだと思います。これはあなたの一番尊い面だと思います。頑張って下さい。

小林秀雄の誠

――小林秀雄と執行先生はお付き合いがあったと聞きました。小林秀雄が本居宣長の『古事記伝』を再考したというのは、あれも誠ということでしょうか。

執行　小林秀雄にとって本居宣長は誠になっています。小林秀雄は仏文学者でもあったわけですが、若い頃から日本の古典では、とにかく本居宣長の『源氏物語』と『古事記伝』を好きで読んでいました。本居宣長自身がそれらを愛し、学者にも関わらず、読んでいるといつも涙を流していた。そういう宣長を、小林秀雄は子供の頃から本当に偉大な人だと思っていたそうです。そういう思いをずっと育てて来て、晩年になって『本居宣長』を書いたのです。ただ書いたのではなく、小林秀雄という大文芸評論家が自分自身の誠を描いたのだと私は思います。小林秀雄は音楽も好きでしたが、親孝行で素晴らしい人でした。頭も良い。私は大学生時代に、随分と可愛がって頂きました。小林秀雄は、まさに誠を自分なりにどう貫いたのか、何が対象となったのかを選んだ、分かりやすい例でしょう。

ビジネスの初歩

――非常に初歩的なことで伺いたいのですが、誠は悪から始まると言うお話がありました。アルバイトやビジネスをやっていく上で、最初は悪くとも、動機が純粋化していくという理解でよろしいでしょうか。最初にお金を儲けたい、異性にモテたいなど、悪とも思える考え方から出発しても良いということでしょうか。

執行　今言ったものは悪ですね。それでいいのです。そもそも、お金を稼ぎたいと思わなければ商売は出来ません。しかし、お金を稼ぎたいというのはやはり、一歩踏み誤れば汚らしい思想なのです。それが分かっていなければ駄目だということです。分かっている人は必ず、お金儲けから始まってもお金以外の価値に目覚めていきます。逆に言えば、お金を稼ぐことを汚らしくて嫌がっている人がいます。そういう人には一切、誠は育ちません。何もしない生命になってしまう。今の若い人は結構多いです。

——色々お話を聞いていて、自分には九割がた誠が無い、忘れてしまっていると思いました。

執行　今はそういう時代なので、時代に流されたら忘れてしまうのです。誠を無くすことが、経済成長と繋がっている。経済学の話をすると混乱しますが、経済成長というものは、人間が持っている誠を潰すことによって成立しているのです。そのことにより物質に魅力を感じ、あれがほしいこれがほしいということになる。人間は誠があれば、それだけで人生は十分なのです。私が先ほど話したように、母親との思い出や死んだ妻との思い出、それだけでもう全部いいのです。

あとのものはいりません。だから、誠があると、経済成長に貢献しないということなのです。経済成長は、ハツカネズミを求めている。次々と何かを欲しがるのです。だから今は誰でも誠を失なってしまいます。横を見ていれば必ず失ないます。だから過去の偉大だった人の書物に戻ってくださいと言っているのです。吉田松陰も一例です。吉田松陰の生き方、悪い方だと土方歳三の生き方を見れば、誠と言うものが段々甦って来ます。あの人たちは経済成長の敵なのです。

死ぬための訓練

——執行先生が誠ということで目標にされている『葉隠』というものはどういうものなのですか？

執行　『葉隠』というのは武士道の本です。武士道で生きるとはどういうことかが書かれている本です。佐賀藩の山本常朝という人物が書いたものです。書かれた時はちょうど、戦国時代が終わり、江戸時代に入って武士が皆、今で言う官僚になって行ったときですね。山本常朝は年を取ってから、この時代精神をとんでもないと、改めて武士とはどういうものかを田代陣基《たしろつらもと》*に語ったのです。それが本になった。

一番有名な言葉では「武士道といふは、死ぬ事と見附けたり」があります。そういうことが書かれているのです。「二つ二つの場にて、早く死ぬ方に片付くばかりなり」というものもあります。何か選ばなければならない場合、必ず死ぬ方を選べということです。それがどういうことかと言えば、要するに困難な方を選ぶということです。そういう掟があるのです。

武士道というのは、人間の生命に対する反生命なのです。死ぬための訓練ということで、反生命ということなのです。幾ら修行しても、凡人というのは臆病な心があるのでなかなか武士道の実行は出来ない。だから挑戦に次ぐ挑戦を続けていくということです。そのための聖典なのです。

私の場合は偶然に父親の本棚に入っていたのを見て、それを読んで感動しました。これで生きようと決めて、七十四歳まで続いているということです。

ハラスメントの問題

――子供の頃に執行先生のようなお話をする人間が、祖父もそうでしたが、ちらほら日本にもいたと思います。今は本当にいなくなったと思います。

執行　それはハクスリーの言う誠が「虐待」になったからです。人間の正しい道、人類が歩んできた道というのは、涙の道なのです。だから「虐待」と言うと言葉は悪いですが、今流には、いじめるとか説教をしたということになってしまうのです。

――ハラスメントですね。

執行　そう。だから全部ハラスメントになってしまうのです。

――私もハラスメントの塊と仲間に言われることがあって、悩んだことがあります。多くの人は承認欲求と、間違った自尊心で生きていると思います。

執行　それが最もみんなの心を破壊しているのです。心は他の人に分からないのが当たり前なのです。だから分かってもらおうとすること自体がおかしいのです。愛の問題を言えば、愛というのは自分が誰かを愛するかどうかという話なのです。承認欲求というのは、愛してもらおうとしているだけです。それは全然違う。本当の愛ならば、皆さんの心がけ次第で、幾らでも死ぬまで貫けることがある。貫いた人間は、歴史上幾らでもいます。ダンテの例でも話しました。今言った承認欲求というものは、グローバル経済、物質文明で経済成長に繫がる。経済成長をしようとすれば、必ずそうなる。

誠を持っていないと、必ず承認欲求が出てきます。それを満たしてくれるものが経済やビジネスとなるでしょう。でも、皆が誠を持っていれば、それがビジネス化できなくなる。世の中の今の仕組みは全部そうです。テレビも、企業も。そういうものがおかしいと思っていたのが日本人だった。日本人は一番反対意見を持っていた方です。でも、今は呑み込まれてしまっています。

無限経済成長の病

――経済成長というのはもはや幻想だと思うのですが、日本なりの経済の発展の仕方というか、経済成長のやり方というのはあるのでしょうか。

執行　経済的にも現代では日本も、アメリカン・グローバリズムに呑み込まれているので、経済成長も使い捨ての経済成長です。それに引き替え、日本人は江戸時代に既に「循環経済」を確立していました。別に儲けてはいけないということではありません。儲けて経済生活も豊かになって、使い捨てでない文明、循環していく文明を築いていた。日本はそれを創り上げた国なのです。

しかし、それをすべて捨ててしまった。もう一度思い出すことが重要です。

私は経済を否定しているわけではありません。無限経済成長が駄目だと言っているのです。経済成長とは、幾ら稼ぐのかという目標値がなければなりません。今のアメリカン・グローバリズムというのは、人類が亡びるまでがむしゃらに進んで、成長以外は無いという文明なのです。成長のためなら死んでもいいという極端な考え方です。原発も含めて、なんでもかんでも、人間に悪いものでも、儲かるのならどんどん作るのが経済成長で、最終的には人類が滅亡してもいいのです。一種の精神病とも言えます。

これはアメリカという新しい国が生み出したものなのです。ヨーロッパや日本というのは何万年も失敗を繰り返しながら文明を創って来ました。日本ならば縄文時代からです。でもアメリカはたったの二百年ですから。まだ失敗を知らない民族なのです。ただ、悪いことに科学文明が発達してしまったので、今度の失敗は人類が亡びるということなのです。単なる一地域が亡びるだけでは済まないということです。でも、ヨーロッパや日本の場合には、一つの村が亡びたり、家系が亡びたり、そういう小さな失敗をたくさん繰り返してきたのです。今度はもう科学文明だから、そうは行かない。本当に今何とか考えなければなりません。

――江戸時代に循環経済を確立していた日本人が無限経済成長になってしまったのはなぜでしょうか。

執行　要するに、科学文明がヨーロッパで生まれたわけですが、発展させたのはアメリカなのです。アメリカで発展した無限経済成長というふざけた経済システムを秀れた経済だと思い込んでしまった。まあ、アメリカの発展の早さとその力の大きさに対する幻惑なのです。これは無限経済成長が悪いのであって、経済成長が悪いわけではありません。正しい経済は循環経済と言って、成長はするけれど、また衰退もする。その成長と衰退を繰り返すのは当たり前なのです。

ただ、アメリカの魅力というのは何かと言えば、無限経済成長を続けている限りは、働かなくても食える、馬鹿でも食える社会を作れる可能性があるということなのです。昔の人が言った「働かざる者喰うべからず」という文明ではない。だから魅力がある。犬だっていい服が着れる。生産が膨大だからです。昔は人間が着るものだって無かった。馬鹿みたいに犬などに服を着せることなどありません。これが、みんなが無限経済成長を捨てられない理由なのです。

「働かざる者喰うべからず」が循環経済の根本だと思ってください。だから経済的に良くないことをしていた企業は、次の不景気で全部潰れます。そして全部潰れることで健全に戻って、また良い会社だけが伸びて行きます。これの繰り返しが循環経済なのです。でも必ず潰れた企業の人が不平不満を抱え、自殺者も出るということは避けられない。先ほど言った文学だって、本当の文学をやろうとすれば、悩みに悩んで、ドストエフスキーを読んで自殺する人までいたのですから。これが怖かったら、ドストエフスキーを本当に読む社会は生まれないのです。

要は我儘中心にやってしまったということです。アメリカが経済用語で言う無限経済成長の大量生産大量消費というものをやってみたら、物質的にとんでもない成功をしたのです。だから健全にやっていた日本人やヨーロッパ人もすっかり幻惑されたのです。まだ人間の文明が浅かったということです。

三島由紀夫との出会い

――三島由紀夫さんとのエピソードをもう少し詳しく伺いたいのですが。

執行　元々、家族が知り合いだったのです。それも父母ともにそれぞれ知り合いだった。別々にですよ。偶然は怖い。私が中高生の時に、三島由紀夫さんと乗馬を一緒にやっていたのです。私は小学生の頃から文学が好きで、三島さんと会う機会があった時に、著作は全部読んでいたので、私が文学論を二、三時間もぶったのです。そうしたら三島由紀夫さんがものすごく喜んでくれて。それから定期的にいろいろな人の文学論を話したということです。

大学に入った時に、あの自決事件が起こったのです、大学に入り、これでゆっくりと付き合って頂けるのではないかと思っていたのですが。私は親しかったのですが、あまり政治向きな話はしませんでした。楯の会*などもまったく知りませんでした。三島由紀夫さんとは文学の話しかしていません。

最初に会ったのは中学の三年生の時です。その当時、最も難しい週刊誌と言われていた『朝日ジャーナル』を私は購読していた。そして『朝日ジャーナル』に高橋和己の『邪宗門』が二年に亘って連載されていて、ちょうど完結したのです。その頃に三島由紀夫さんと偶然出会ったのです。そして『邪宗門』の話になって、高橋和己の文学論で盛り上がり、そこから三島由紀夫の文学論になって行きました。それから可愛がって頂いたということです。

――執行さんは当時大学生で、三島由紀夫さんの自決はどのように感じられたのでしょうか。

執行　それはびっくりしました。驚きはしましたが、私は三島文学を読んでいましたので、だから私自身の観方ですが、三島由紀夫さんの自決は三島文学の完結だと思いましたね。三島文学というのは、自分自身が死ぬことでしか完結しない文学なのです。それは三島由紀夫の『英霊の声』を読んでも分かります。私が小学校の頃に読んだ『美しい星』という作品があって、それが物凄く私が好きな文学なのです。あれの帰結も「死」なのです。だから三島由紀夫というのは、自分が死ぬということが人生観の根本にある。そして最も価値のある死として、日本国を建て直すために死ぬという、一番尊い死を選んだのだと私は思います。

鎌倉時代から始まる

――封建社会が清らかな心を開くと保田與重郎が言ったことと、鎌倉時代が無かったら日本は三流国家になっていたという小林秀雄の言葉をご紹介頂きましたが、もう少しお話を詳しく聞きたいのですが。

執行　要するに人間的に一番不幸だった時代が、実は心の問題を取り上げた時には一番素晴らしかったということです。保田與重郎が言っているのは、封建時代は今の民主主義の文明から見れば、一番ひどい時代なのです。今もみんなが嫌だと言っている。上下関係と主従関係とが一番厳しい時代です。でも、それが心を育むには最もいいということなのです。

歴史的にもそうなのです。ヨーロッパでも中世が恋愛でも友情でも、一番素晴らしい話の集積なのです。日本もそうだった。小林秀雄も、鎌倉時代が無かったら日本は三流国家だっただろうと。今の日本を面白くしている文化は、全部鎌倉時代に生まれているのです。

鎌倉時代を研究すれば分かりますが、日本は最も貧しい時代だったのです。鎌倉幕府が出来て武士が政権を執りましたが、武士が政権を執らなければ、国が維持できなかったということに尽きるでしょう。暴力をもって庶民を押さえ付けなければならない。文句を言う奴らをぶった斬らない限り、国が治まらないということです。反面にはそういうことがあった。だから不幸な時代なのです。道端には人が常に死んでいる。しかし、彫刻も絵画も文学も、また今も残っている大宗教、道元*や日蓮*、親鸞や法然*も、ああいう大宗教家は全部、鎌倉時代に出ています。一番日本が貧しく困難だった時代です。心の問題というのは、実は人間が一番そういう時代に伸びるのです。そういう意味でも今は、グローバル経済でこれだけ使い捨て文明で物が豊かになってしまえば、心は本当に見るも無残です。

――日本がまた鎌倉時代の精神に戻ったら、日本人もまた目覚めるかもしれないです。

執行 そうだと思います。鎌倉時代に日本の面白い文化もすべて生まれています。猿楽*や観阿弥*・世阿弥*の能もそうです。その後の室町時代に段々整っていったという。歴史的にはそうなのです。ぜんぶ発祥は鎌倉時代なのです。

4

ぶれない軸とは

人生とは問いかけ

　こんにちは、執行草舟です。今日は、私の著作の「読書サークル」のみなさんを前に、講演を出来ることを喜んでいます。遠くからよく来てくれました。大阪大学、神戸大学、そして九州大学の読書サークルのみなさんですね。よろしくお願いします。さてそれでは今日のテーマである「ぶれない軸とは」何かということについてお話しします。しかし私が主に話したいのは「何が私であるのか」ということです。この言葉は一つの思想を表わしていますが、これを理解するかしないかで人生が全く変わってきます。だから今日の機会に、皆さんにも正確に理解して、今後の人生に取り入れて頂けたらと思っています。

　ここに集まっている人たちから、前もって依頼されていた内容を話したいと考えています。それは私の著作に多く書かれている「誠」ということについてです。誠を持って「実人生」をどう生きるのかということに興味のある方々が多い。誠を持って、この世を生きる生き方とでも言いましょうか。そのようなことを中心に話したいと思います。それで考えた題が先ほど言いました「ぶれない軸とは」ということなのです。そして内容的には「何が私であるのか」という考え方について話していきたいと思っています。

　私は多くの著作で、人間の持つ誠を定義していますね。誠を持つことによって、善悪を超越し、一人の人間の宇宙的価値がこの地上で決定される、ということを中心に語ることが多い。これが誠に関する私の定義です。一人ひとりの人間の命というものは尊いものですが、その尊さの根元が誠なのです。だからこそ、誠さえあれば、どんな人生であっても価値があるのだということを私は述べています。たとえ他人から下らない人生だと言われようが、人間らしくない人生だと言われようが、誠さえ持っていれば良い。野垂れ死にをしようが、銀行強盗になろうが、何であっても価値がある。命の本源について考えていくとそうなるのです。

だから、今回のこの講演で「誠」を持ちながら生きたとして、その誠を持っている生命体が、地上的な社会、世の中とどう関わっていくか、について話をします。その関わり方が、ぶれない軸で生きるということです。つまりぶれない軸などというものは、元々は無いのです。自分が誠を持って生きようとしていれば自然にぶれなくなるということです。そのぶれない軸を持った自分が、どのように社会と関わっていくのか、ということを考えていきたいと思います。

誠は生命自体の価値ですが、この誠を持った人の人生のもつ社会的価値ということです。ぶれない軸は、自己の人生に対する問いかけによって自ずから立ち上がって来ます。この問いかけが最も重要なのです。これも現代社会から最も失われた考え方なので、今日を機会に強く認識して頂きたいと思います。

人生とはすべて問いなのです。答えではない。今の学校教育を受けると、何でも答えを知りたいというようになる。私の七十四年の人生の中で、とにかく誰も彼もが答えがほしい、知りたい、みんなそうでした。そうでない人間に会ったことがない。

私はというと、読書だけで自分の人生を築いて来ました。私が知っている偉大な人たちは、日本人でもヨーロッパの人でも、全員、答えを求めている人はいません。歴史に残っている人はみなそうだったのです。答えを求めている人間は、死んだ段階で忘れられてしまったのでしょう。後世の人間が書物を通して思う、過去の偉大だと思う人たちは全員が問いかけだけの人生を送っています。愛国心とは何なのか、清純とは何なのか、愛するとは、そういうことを死ぬまで考えて呻吟し、のたうち回って苦しむ。それが人生では重要なのです。誠を実現するための問いかけの過程が社会性を創り上げていくと思ってほしいのです。

だから私が好きな文学や詩、宗教、芸術は、すべて問いかけで出来上がっているのです。文学、詩、宗教、芸術で「人生とはこういうものだ」という答えが書いてある本は、一冊もありません。でも、皆さんは答えが書いてある本を読んだことがあると思います。それはインチキ本というものです。一般にハウツー本と言いますが、ハウツー本というのは分かったようなことが書かれている。そういうものは何万冊読んでも、読書経験としてはゼロです。

名著と呼ばれる偉大な本には、一切答えは書いてありません。仏典から始まって聖書に至るまで、すべてが問いかけです。問いかけを抱えることが誠の始まりなのです。それが一番重要なのです。答えを求めてはいけないということを、今日は強く知って頂きたい。皆さんが価値のある人生を社会的に送るためにも、あなた方が生きた人生そのものが答えにならなければいけないのです。答えを創るのが人生だと思って下さい。

私は文学青年だったので、自分が好きな言葉というのは小学校、中学校、高校の時に読んだ本から覚えています。例えば禅の言葉もよく覚えています。偉大な言葉、格好いい言葉に出会うと、小中高生でも感応して覚えて来たのです。そういう言葉を自分なりにああではないか、こうではないかと解《かい》を出すのが、二十代から始まって三十代、四十代です。今は七十四歳ですが、七十を越えてからも、中学生の時に気になってメモしている言葉や本に書き込んでいる言葉が、人生経験の積み上げで新たに腑に落ちたということが幾らでもあります。とにかく問いかけが重要だということを、ここで信じて下さい。文学も、重要なものはすべて問いかけだけで出来ています。答えが書いてあるものは、全部一段下がるのです。ハウツー本です。

何が私であるのか

今は言わなくなりましたが、私が若い頃には純文学と大衆文学は違うと、誰もが明確に分かっていました。両者の違いというのが、問いと答えの違いなのです。大衆文学には答えが書いてある。だから読んでいて面白い。この人の人生はああだこうだと、歴史物でもそうで、確かに面白いのです。ただ、読んだ後、自分の人生の価値には全くなりません。読んだ後に問いかけが残り、生涯の価値となるのは、例えば三島由紀夫や埴谷雄高《はにやゆたか》*の書いたような純文学と呼ばれるものなのです。また、森鷗外*の『高瀬舟』や『渋江抽斎』そして『阿部一族』です。これはある種の精神的「虐待」なのです。私がよく言う、あのハクスリーの言う「虐待」なのです。文学から虐待を受けるのです。自分は何をしているのか、もっとこうでなければならない。そういう問いかけが来る。お前は何なのだという問いかけです。それが純文学と呼ばれるものです。

そういう問いかけが鋭い人が、偉大な作家と言えます。安部公房や三島由紀夫*そして埴谷雄高は問いかけが偉大なのです。オルダス・ハクスリーやドストエフスキーの問いかけなどは、私は小学校、中学校からずっと抱いていて、七十代の今でも考え続けています。死ぬまでに自分なりの解が出て来るのかは分かりませんが、抱えていることに価値があると思っています。問いかけに価値があった場合、人生でどのような問いかけがあるのかを言えば、一つは「私とは何であるのか」、そしてもう一つは「何が私であるのか」です。自分のことを考える場合、この二つのどちらかになります。民主主義や人権、ヒューマニズムが現代の価値として、皆さんに求めているのは「私とは何か」なのです。現代的な問いですね。

それが下らないと言っているわけではありません。しかし現代のこの問いは自己を苦しめるだけになってしまう。「私とは何か」とは重大なことですが、これには全く解が無いのです。いくら考えても自分の人生においてこれを考えたら、まったく出発できません。せいぜい鬱症状になるだけです。これは、いま一人ひとりが生まれたそのままに価値があり、人権を持っていると教育されていますね。そうすると尊い自分というのは何なのかと考えてしまう。しかし、人間にとって最も大切な誠というのは葛藤や呻吟の中から生まれ、育ってくるものなのです。だから、最初からあるのではない。ここで知ってほしいのは、同じ問いかけでも価値の高い問いと低い問いがあるということです。我々は価値の高い問いに向かわなければなりません。

一番重要なことは「何が私であるのか」ということを、まず決めることなのです。それが伝統的な問いかけなのです。一番簡単に言うと、我々は何万年、何百万年も地上で文化を持った人類の社会の中に生まれて来たのです。だから我々は後から来た人間なのです。これが重大な事実です。私などが本を読んでいる理由も、私よりも先に生まれた人間たちの苦しみや苦悩や喜びを共有させてもらいたいので、読んでいるのです。先人たちの生き方が、人類の糧だと思っているからです。そして、我々が後から来た人間だと分かると、何が私であるかということが、自分の生存、生命と社会との繋がりになる。そして、徐々に「自己」を創り上げてくれるのです。

昔は人生が決まっていた

簡単な例を挙げると、昔の人は人生が全部決まっていたのです。親の職業を継がなければならないとかですね。人生が決められていると、考えなくてもすぐに「何が」自分なのか分かるのです。豆腐屋の子供に生まれたから豆腐屋になるとか。彫刻家の子供に生まれたから自分も彫刻家になるとか。選択肢が無いように思えるかもしれませんが、決まった人生を歩んでいた昔には、職人の中にも名人という人がたくさんいました。皆さんの世代でも覚えていると思います。私が子供の頃には非常にたくさんいたのですが、どんな職業でも必ず神様と呼ばれる人がいました。会ってみると、ただの飲んだくれのこともありましたが（笑）。

そうであっても、作る製品は素晴らしい。ではどうしてその人が素晴らしくなったかと言えば、「何が私であるか」ということを嫌でも実行させられる社会に生まれたからなのです。家具職人の子供なのだから、自分は家具職人になると子供の時から決められているのです。それは今の見方からすれば不幸です。ところが、人間的、人生的な価値で言えば、名人にまでなれるほどです。子供の時から自分が生きる道が決まっているからです。決まっているので言葉は悪いですが、諦めて今度は職人として上手くなるという修業過程に入れるのです。だから名人になれたのです。大工でもなんでも、名人がたくさんいた。今は全くいません。例えば今の家の建付けなど話にならない。私の家もそうです。どんな大枚のお金を払っても、ろくでもない造りです。

私の父親は昭和三十二年に、目白に新築の家を建てました。私が小学校に入る頃です。今は私が相続して所有しています。渡辺さんという大工の棟梁が建ててくれたものでしたが、素晴らしい家です。使ってはいないのですが、惜しくてそのまま保管しています。私が育った家でもあり、壊せないのです。あまりに素晴らしくて。渡辺虎雄という人でしたが、その人も小学校を出てすぐに丁稚奉公でした。人生が決められていたのです。決められていたので、その道に精進して途轍もない大工になったということです。

これが何なのかと言えば、「私とは何であるか」という現代的な問いをずっと考え続け、自分の価値などを見出そうとして勝手なことを考えている人と、「何が私であるのか」ということを早くに見出した人との違いなのです。私は運良く運命論というものを早くから好きだった。私の人生観の根本を創り上げたのは、『葉隠』という武士道と、キリスト教という宗教の下支えが大きかったでしょう。我が家は武士の家系だったので、武士道が私なのです。その上、近所の立教小学校に親に入れてもらい、大学までエスカレーターの一貫教育で受験をしたことがありません。だから余計に本が読めたということもあるかもしれません。ちょうど近所だったので、立教小学校から大学まで行きました。さらに立教はキリスト教の学校だったので、「何が私であるか」について考えさせられた。キリスト教の思想が私なのです。これら二つの文化から問いかけられる「問い」が私の人生を創り上げていった。

命より大切なもの

小学生の時分、運よく父親の書棚から偶然手に取って読みたくなった本が、『葉隠』だったのです。本当に偶然でした。うちが佐賀藩の奉行職をやっていたことは、祖母からも聞いていたので、どこかで私も何かを感じていたのかもしれません。そして偶然手に取った本が佐賀藩の武士の書いたものだったので、私も感動したのだと思います。直観的でしたが、自分の武士の家系が関係していたことは先ほど述べました。私は知識などを普通の人よりも蓄積できた方だと思いますが、「何が私であるのか」ということを、割と早い時期から諦めたと言うか、摑めたことが理由でしょう。私の場合は偶然そうなった。それが非常に良かったたし、七十四歳になる現在まで、私のすべてを創っていると思います。「私は何であるのか」と「何が私であるのか」の違いを、是非、皆さんにも知ってほしいと思います。

どちらかを選択する場合には「何が私であるか」を中心としなければ、自分と社会との関わりが人生において起こらないということです。自己の人生に対する問いかけは、この二つしかありません。「私が何であるのか」が、現代人の抱く問いです。これは学校教育も民主主義も、全部ヒューマニズムと人権ということで「私が何であるのか」の問いかけになってしまっている。ところが「何が私であるのか」という問いかけが、皆さんの本質論なのです。身体的な遺伝も含め、環境も何もかも、すべてのものが「何が私であるのか」を考えるように出来ている。

一方で、「私が何であるのか」の問いかけからは、価値のある人生はほとんど出てきません。無限に続くエゴイズムが発生するだけだと言ってもいい。自分のことばかり考えているのですから、これはエゴイズムなのです。知らないでいても、自分のことだけ考えていれば、知らず知らずにエゴイズムとなってしまう。人間というのは、本当は誰かを愛するとか、他人を愛するとか、国を愛する、会社を愛する。身近な家族でもいいですから、親を愛するとか、自分以外のものに対象が向かっていないと、成長できないのです。

ところが「私とは何であるか」と考え出すと、考えている主体が自分になってしまいます。これは単刀直入に言えばエゴイズムになってしまう。このエゴイズムに陥ると、昔の言葉で言えば「神罰を喰らう」と言われました。神の罰で被るのが神経衰弱なのです。神経衰弱つまり今で言う鬱病や落ち込みです。昔の人は神経衰弱を、神の罰と言ったのです。なぜかと言えば、自分のことばかり考えているとかかる病気だからです。今はエゴイズムによって知らないうちになってしまうのです。とにかく人権だ、ヒューマニズム大事となって、私が生まれた価値が何だろう、と考えていると陥ってしまうのです。

価値のある人生を送る人というのは、早くから命よりも大切なもの、好きなもの、愛するものが出来た人なのです。だから昔のように職業まで決められてしまうと、「何が私であるのか」ということが否応なく決まっている。そうすると、名人に至る道を歩むとか、そういう考えが構築されるのです。ここが重要なのです。

現代社会というのは、この愚問によって多くの人を誑《たぶら》かす殺し文句を与えているのです。これが、民主主義が皆さんを釣り上げる餌なのです。エゴイズムほど餌として有難いものはない。昔は分かり切っていた決まり事だったのですが、今の人には分からないのです。エゴイズムというのは必ず人を騙そうとした場合や、誰かを誑かそうとすると、その人の欲望を刺激する。要は相手が喜びそうなことを言う。誰かを騙そうとすれば、誰でも自然にやっていることです。そして民主主義の社会が国民を騙すには、自分には無限の価値があるのだと教えるのが、一番簡単なのです。

現代のスピリチュアル

一つ注意事項として言っておきますが、今はスピリチュアルというものが流行っています。スピリチュアルの多くはエゴイズムに陥る危険を孕んでいます。「あなた自身が途轍もない価値があるのだ」と。その価値に気付きなさいということをやっているのが、今の多くのスピリチュアルです。昔の宗教団体というのは、良し悪しは置いておいて、ある程度の修行や勉強をさせていました。今は修行や勉強を課する宗教団体はすべて衰退しています。そして何もせずに、生まれながらのあなたが最も尊く、最も素晴らしいと言っている団体が伸びている。これが昨今の多くのスピリチュアルです。エゴイズムや世を覆うヒューマニズム、人権との兼ね合いでそうなって来ているということなのです。

だから余計に「何が私であるか」という問いかけを自分に課すのは、苦しいのです。素晴らしい自分というものを、皆さんは家庭や学校教育で頭に埋め込まれてしまっている。そうすると、自分の限定というものは、非常にしにくい。しかし、素晴らしい命を持っている人であれ、社会との関わりによって有意義な人生を送ろうとすれば、必ず何かを限定しなければならないのです。大工になるのか、造船技師になるのか、パイロットになるのか、決めなければならない。結婚も同じです。誰かと結婚すると決めなければならないのです。でも誰かと決めたら、他の人は全員諦めなければならない。

この辺のメカニズムが分かり出すと、ぶれない軸を創っていく根本が分かる。だから、ぶれない軸というのは、何が私であるのか、ということを決定しない限りは、絶対に出来ないということです。それをまず分かって下さい。

肉体的に個人という単位になった人間は、ただの動物に過ぎません。そして人類の共通の価値である魂の価値を忘れていく。その魂の価値の中枢が、誠ということです。魂の価値が社会と関わって、どう試されていくかということを、ぶれない軸で生きるということで話そうと思います。誠の実践ということですね。魂の価値を生かすために、何かを決めなければならないという話なのです。すなわち「何が私であるか」ということをまず決める。

洋画家 戸嶋靖昌

私のように、キリスト教の教育を受けたからキリスト教の中に自分の生存価値を持ってくるとか、武士の子孫だったから武士道が一番好きになり武士道で生きると決めてしまったとか、こういうことも「何が私であるか」の結果でもあるのです。私と同じ学校を出た同級生もたくさんいますが、私が知っている範囲では、キリスト教を人生に取り入れた人は、ほとんどいない。つまり、自分がキリスト教教育を受けたので、自分の人生の中で一番重要な思想としてキリスト教を取り入れようという人はほとんどいなかったのです。

ではなぜ、同じ立教小学校を出ていて、同級生たちがそうならなかったかと言えば、結局、利害損得で生きていたからなのです。キリスト教を人生の中心に据えても、言葉は悪いですが、一文の得にもなりません。皆無とは言いませんが、私の身近な所にはキリスト教を人生に据えた人は一人もいません。立教で単に教えてもらって、肩書や何かをもらって終わりというだけです。

一つ言いたいのは、立教に入ったからには、キリスト教の教えの神髄を、自分の人生と共に歩む親友のような存在として考えるようにすると、自分の豊かさが全く変わって来るのです。私自身が実践しているので、それがよく分かります。そうやって段々とぶれない軸を創っていくということなのです。運命を受け入れることによって軸が立って来るということでしょう。

だからぶれないで生きる自己を創る問いかけは、何が自己であるかというものです。何が自分かを選べば、あとの人生は、その方法論の確立が問題になるのです。方法論を研究し、努力するようになれるのです。これは一日も早い方がいい。

私は尊敬している洋画家の戸嶋靖昌を顕彰する記念館を運営しています。この戸嶋靖昌は、自然に絵画芸術が自分の生き方であるという人生を早くから決めていました。絵画を描くことだけが自分なのだという。そして戸嶋も死ぬまでそれを貫き通しました。

戸嶋靖昌は私と知り合って三年後に七十二歳で死にました。私の肖像画を描きたいということで、ずっと描いてくれました。「死ぬまで執行の肖像画を何百枚も描くのだ」と言っていましたが、しばらくして直腸ガンが見つかって亡くなりました。記念館に来て頂ければ、戸嶋の絶筆を見て頂けます。戸嶋は自分の絶筆に『魅せられたる魂―執行草舟の像―』という題を付けました。五十号の油絵です。戸嶋はガンが発見された時に治療は出来ない、と医者に見放されました。最後には医者に入院を勧められましたが、自分は絵のために生き、絵のために死ぬのだと決めているから、最後に残った命を全部芸術に捧げたいと言った。ついては私の肖像画を描かせてほしいと言うのです。私は止めたのですが、止めてやめる男ではありませんでした。医者から半年の余命宣告を受けてから、私の肖像画を描き切って、最後まで筆を入れた。描き終わった日に斃れ、入院し寝たきりになって亡くなりましたが、素晴らしい人生でした。私はこういうことを言っているのです。

戸嶋はどうしてそのような画家になれたのかと言うと、何が自分であるかということを、十九歳か二十歳で決めたからなのです。食えないし、人から理解されず貧しい人生を送った人でしたが、私は素晴らしい人生だったと思います。戸嶋も自分でそう感じていたようでした。戸嶋については私が『孤高のリアリズム』（講談社エディトリアル）という芸術論を書いていますので、興味があったら読んでみて下さい。

人生それぞれ

先にも述べましたが「何が私であるか」の、私のもう一つの事例は『葉隠』です。私は「葉隠」が自分だという言い方が出来るところまで、「葉隠」の生き方を実行しています。それが私の社会性であり、講演に私が呼ばれているのも、私が「葉隠」だからです。執行草舟というただの人間が呼ばれて来たのではないのです。誤解しないで下さいね。私が「葉隠」で生きているから、呼ばれたのです。それ以外の価値は私にはありません。

アインシュタイン*は誰でも知っている偉い人ですが、自分が物理学に命を捧げるということを二十代で決めたと伝記にも書かれています。物理学に命を捧げると決めてから、アインシュタインの偉大な人生が始まった。それ以前のアインシュタインは、別に大したこともない人で理科系の科目が得意だ、という程度でした。

ところが特許庁に勤めていた頃に、発明や数式に興味が湧き、物理学に命を捧げて物理学以外のものを全部捨てると決意したのです。それから皆が知っているアインシュタインが生まれた。これも何が自分かということを決めた、ということです。また、決められないにしても、考え続けることに意味がある、ということを分かってほしいのです。

繰り返しになりますが、自分とは何かと考えるのではなく、何が自分なのかを考えるということとです。日本国とか文化とか歴史とか、いろいろな人類の遺産があります。この人類の遺産の中のどれに、自分と自分の人生を捧げるかということです。そういう考え方をして頂きたい。偉大な人類の歴史が何万年も続いているので、その中に何かしら絶対に見つかりますから。だからそれが決まると、何が自分であるのかということが決まります。決めれば、失敗はありますが、ぶれない人生が始まるということを言っている。ぶれなくなるまでは、相当揺れて失敗もあります。重要なのは、まず決めてやるということです。

それには、何が自分かということを考え続けるに尽きます。そもそもの自分の成り立ち、生まれた環境を見詰めることです。つまり宿命を見詰め、運命を愛するということです。自分は後からこの世に来たのです。今までの人類が開発し、創り上げたものの中から、自分が何を受け取るかを決める。それが自分の運命を愛するということです。自分の運命を愛する人間になるためには、宿命を受け入れなければならない。ここが重要です。自分の生まれた環境、育ち、教育も含めて一つでも不満があったら、皆さんの今後の運命は動かないと思って下さい。運命というものが動くには、宿命を愛さなければならないのです。

極端に言うと身体障害者に生まれたら、身体障害者に生まれたことを愛さなければならない。貧乏なら貧乏、酷い親の下に生まれたら、その酷い親を愛し、その親の下に生まれた自分を受け入れなければならない。今はこれが出来ない人が多いのです。自分の環境に一つでも文句があった場合、絶対に自分の運命は発動しません。それが良いとか悪いではなく、宿命から出てくるのが人間ですから。宿命によって、私も皆さんもこの世に生まれてきたのです。この宿命の中に皆さんの人生を豊かにするヒントがあるということです。

貧乏に生まれて金持ちを羨んでいる人間は、ただの貧乏人で終わる。それは決まっていることです。貧乏に生まれたことを、自分が神から与えられた尊いもの、誠を育てるための尊い命をもらう因縁があるのだと捉えれば、貧乏が嫌ならば脱することも出来るし、他の道にも進めるのです。とにかく、宿命を嫌うことによって運命が発動しなくなるので、ここだけは気を付けて下さい。私も七十四年間いろいろな人を見て来て、自分がもっとこういう家に生まれたかったとか、中でも一番ひどい人は日本人に生まれたことを悩んでいるというのです。現実にそんな人がいるのですから、これでは人生は全く始まりません。学生時代に知り合ったのですが、今では路上生活者です。それでも生きているだけましだとは思います。不平不満も、そこまで行き着くのです。本当に笑えない話です。

だから日本人に生まれたからには、日本人であることを喜んで受け止めるなら、日本の歴史なども身に入って来るのです。フランス人に生まれれば、フランスが自分の誠になるということです。フランスに生まれたことに感謝しなければ、フランス人としての自分は発展しない。そういう「日本」や「フランス」というものが、「何」ということに当たるのです。それをもっと細かく把握していくと、必ず自分と社会とのつながりが見えてきます。

立教小学校での恩

なかなか何が自分かを決め切れなくても、決めよう、決めようと思いながら生きていると、社会との繋がりというのは本当に深まっていくし、尊いものに出来あがっていきます。本当は決められれば一番いいのですが、なかなか決められなくても諦めずに考え続けることが大切です。私も『葉隠』に決めていると思ってはいますが、死ぬまで貫けるかは分からない。絶対に貫いてやっていくつもりですが。その「絶対にやるつもり」ということが、私の価値にもなっているのです。

何が自分かという答えは、目の前にあります。その「何が」というものが死生観にまで育っていけば、ぶれない軸が生まれるのです。これは特別に勉強しなければならないものではありません。最も簡単なのは、親の職業を継ぐということです。目の前にあるものが自分の宿命であり、自分の運命を発動させる中心だと思って下さい。私の場合は運よく小学校時代にキリスト教を選び、武士道を選ぶことが出来てしまいました。だから私は自分では凄く幸運だったと思っています。とはいえ同じ立教小学校に通っていて私と同じ条件だったとしても、キリスト教の学校の有難さを分かっている人は他にはほとんどいませんでした。やはり、本人が「何か」を掴まなければならないのです。

やはり摑むには恩や義理、人間の真心を認識することが大切になります。私が立教でキリスト教の思想を自分の中心軸に摑むことが出来たのは、有賀千代吉という立派な校長先生がいたためです。私は大病して死にそうになり、私立の小学校などに入れる人間ではありませんでした。私の兄が立教小学校にいたのですが、有賀校長が私のことを憐れんでくれて、こんな大病をした子供は、とても普通の勉強など出来ないと言われた。そして立教小学校に入って、うちで遊んでいきなさいと言ってくれた。私は子供でしたが、はっきりと覚えています。有賀校長は六年間、立教小学校で遊んでいきなさいと。君は勉強など出来る人間ではないと言われた。とにかく、まず身体を養いなさいと。だからある種の裏口入学だったのです。兄がいてくれたお陰でした。

ただ、一つだけ有賀先生が言いました。立教はキリスト教の学校なので、遊んでいるのはいいが、卒業するまでにイエス様の言葉で一つだけ、自分が気に入ったものを自分の信条として覚えて実践できる人間になってほしいと。私はそれを恩と感じ、非常に有難く思いました。これが、自分が立教の学校の縁と、キリスト教を真に摑めた理由になったと思います。

有賀先生は、大変、信仰の篤いクリスチャンでした。カナダで生まれ育った二世です。今思い出しても素晴らしい人でした。教育にすべてを捧げている人でした。校長室にいて目撃したことですが、理科の先生が月給に不満があったのです。月給に文句があり、もっと上げてほしいと有賀先生に直談判した。今だったら問題になるのかもしれませんが、有賀先生は即日、その先生を解雇しました。キリスト教教育のために作った学校では、生徒に人生のすべてを捧げなければならないのが教育者であると、有賀先生は言った。何が月給か、そういう下らないことを言う人間は立教には必要ない、出て行けと言って、その場で解雇したのです。これは子供ながらに感動しました。忘れられません。そういう先生がいたから立教に入学できたのだと思います。こうして私の人生に「キリスト教」が入ったのです。

宿命を認識する

今まで話したような幼い頃の経験から、「何が自分であるか」を摑んだのは私自身です。こうして何かを摑めば、少しずつぶれない生き方が出来るということです。ぶれないとは何かと言えば、自分の人生を捧げるものを見出すということなのです。人間は本能的に命優先になるのです。だから、どうしても誠のためには、その命を投げ出す勇気が必要になるのです。この点だけは皆さんが誠を貫くということで、個人個人が養っていかなければなりません。人生と命を全部捧げるということ、必ず肉体に対する「虐待」が関わるのです。武士道もいざとなれば、魂を守るためには肉体は死ななければならない。

武士道にある切腹という儀式は、武士としての魂を守るためにあるのです。魂のために肉体の命を捨てるということです。それを他人が見ている前で出来れば、その人間は正真正銘の武士ということになるのです。もし恥となることをした場合でも、切腹をすれば、武士としての家柄は殿様が守ってくれ、子孫に継がせることの出来る制度なのです。ここに誠の人生のすべてが表われている。最終的には命も捨てなければならない。肉体をも捨てなければならないのですから、その勇気を養うためには元々の誠が必要だということです。

何が自分かを決めたら、それに人生の時間のすべてを捧げ、最終的には何かがあって肉体の命を捨てなければ完遂出来ない場合には、捨てるだけです。私は捨てる気で生きています。十八、九歳の頃からそうなのです。だから七十四歳まで生きたこと自体が、本当に自分でも不思議です。自分でもなぜか分かりません。これは天命であり、運です。私などは二十代で死んでも三十代で死んでも何もおかしくはなかったのです。死ぬ、死ぬと言いながら、生きて来たのです。子供から六十代の頃にからかわれたことがあります。お父さんは二十代から死ぬ死ぬ言ってきて、もう六十五歳だと。もうそろそろ死なないと格好がつかないよと。そう言われるくらいです。でも、人間、そうそうは死ねないのです。いつでも死ぬ気で生きています。でも、自分も最後になるまで、どうだかは分かりません。

ぶれない生き方のために、分かり易い例は、愛国心や愛社精神、郷土を愛する気持や、家族のために自分の人生を犠牲にする心などが挙げられます。自分が捧げるものが何かということですが、これが自分の中の誠を養っていくのです。家族と関係を持った場合、祖国と関係を持った場合、自分が勤めている会社と関係を持った場合、それぞれが誠ということになります。まずは誠の自分が無ければ駄目なのです。それが会社に入れば愛社精神となり、日本人としての自覚が出来れば愛国心となり、家族であれば家族を愛する気持となるのです。それがぶれない自分ということです。

自分の生まれた場所、位置、環境という宿命の認識が正しくきちんと行われると、何が自分かということが必然的に生まれてきます。何が自分かということは一人ひとりが違うので、友達も他の人も参考にはなりません。これは垂直軸と言って、自分特有の宿命と運命の中に秘密が隠されている。家柄とか、生まれた地域とか。私が立教小学校に入ったのも、小学校が家の近くだったからです。そういうものもやはり私にとっての垂直だと思うのです。そういうものの集積が、何が自分かということになる。だから私のように武士道やキリスト教のようなものが自分と決まっているとは、非常に特異に見えますが、実は目の前にある私にとっての自然な環境から生まれたのです。それを私が摑み取っただけです。ごく簡単なことなので、ぜひそれを知って頂きたい。どんな小さなものでもいいのです。目の前にいる家族の一人でもいいのです。恋人でもいい。一人、目の前の人と本当に愛を育もうと思えば、それでもう立派なぶれない人生になるのです。そういうものであり、それがどういうものでも良いということです。そういうものから自分自身の誠、つまりぶれない軸が生まれるのです。

よく動く軸

　さて、それではぶれない軸で生きるための方法論について話したいと思います。ぶれない軸について物理的にまず覚えておいてほしいのは、ぶれない生き方が出来る人というのは、よく動く軸を持っているということなのです。分かりにくいかもしれませんが、もしも信じたことや選んだことが硬直思考を生み出すものであれば、それは軸ではないということなのです。偶然、いま話していたことですが、武士道で死ぬために生きるというのは、非常に柔軟性を必要とする。何故ならすぐに死んだらそこで武士道が終わってしまうからです。武士道を現世で貫くには柔軟な対応力がことの外、大切になってきます。

　私が七十四歳まで生きているというのは、武士道の捉え方を非常に広範囲に持っているということなのです。もちろん、死ぬ気であるということは嘘ではない。ここは非常に難しいのですが、武士道を実現するために必要とされるのは、柔軟思考と一般に呼ばれているものです。最終的に武士道を通せる人生でなければならない。そしてまた、今死ななければならないという時には、潔く死ななければならないのです。おそらくまだ生きながらえているのは、私にはまだ死すべき時が来ていないのです。そういうぶれない軸とは、よく動く軸だということを理解してほしいということです。何かを決めて、まったく動きが取れなくなるものは、自分の軸になるような、何が自分かの「何ものか」ではないのです。

どういう時に身動きが取れないものを選ぶのかと言えば、苦しい時です。簡単に物事の答えがほしい、決めてしまいたい時に決めたものは、必ず硬直思考を生み出します。そういう類のものだと思っておいて下さい。軸になるものがどういうものかと言うと、本当のいい家庭で言えば、いつでも帰れる場所ということです。私自身もそうですが、生きるというのは汚れることなのです。私も毎日汚れながら生きています。それは分かっているのです。しかし、どんなに汚れようと、必ず戻るべき場所を私は持っているのです。戻る場所が偉大な魂との対話であり、キリスト教の神髄であり、宗教の神髄であり、武士道の神髄なのです。それは、私が出来ていると言っているのではありません。出来なくてもなんでも、必ずそこに帰る場所があるということが大事なのです。

本当に昔は、非常に良い家庭が多かったのです。私が子供の頃までそうでした。良い家庭というのは、楽しい家庭という意味ではありません。見ていて健全というものです。明治時代の人間のことを本などで見ると、途轍もない活動力です。男性の場合は妻子のことなど忘れて命がけで国のために働いたりしていました。あれがどうして出来るのかと言えば、良い家庭があるからなのです。いつでも帰れる場所があるのです。だからこそ、逆に凄い活動力となる。離れていても、家族の顔を観なくても、愛を実感できるのです。

私も子供の頃のことで覚えていますが、昔の人が言っていたのは、骨になっても帰る場所があるということで安心していたのです。戦記文学を読んでいると、多くの人が心配しているのは、死んだ後で墓の無い人なのです。死んだ後の墓があることが、一番の安心感になっていた。墓があるかないかが、実は現代文明の中で生きるための活動力の源泉になるのです。その墓と同じ価値があるものが家庭であり、私の場合は墓とキリスト教と武士道と家庭とが全部同価値だということです。

それがある限り、どんなに汚れても自分の信念というものを、ずっと通すことが出来るのです。切れない、諦めないということです。やはり人間というのは汚れて来るとすべてが嫌になって来るのです。大体の人が見ているとそうでした。どうせ人生なんてこんなものだとか、ああ、自分はこの程度しか出来ないとか、愚痴を言いだす。私の友達も大体皆そうでした。そうなったら終わりなのです。私も情けないことはたくさんしてきましたが、どんなに情けないことをしても、どんなに恥を掻いても、どんなに失敗をしても、帰るべきものを持っていなければ駄目だということです。その帰るべきものが、何が自分かということの「何が」になるのです。私の場合の例は、これまで話した通りです。

よく動く軸を持つためには、誠というものを自分の中に育てていないと、なかなか出来ないということです。育てていれば、恥を掻いても戻れるのです。他人から何と言われようと大丈夫なのです。私も他人からいろいろ言いたい放題に言われて来ましたが、私は帰るべき「場所」を自分で育てているので大丈夫なのです。私くらいになると、父親に死ぬまで勘当されていても、絶対に自分の人生は大丈夫だという確信は持っていました。父親に勘当されていたことは、私の人生の中で最大の苦しみでした。私の世代では多いと思いますが、やはり親は絶対ですから。私自身も尊敬しているし、偉い人だと思っている。その親との戦いと言いますか。どんなに戦っていても、私には戻るべき武士道などがあったので、大丈夫だったということです。

柔よく剛を制す

死生観の定まった後には、よく動くぶれない軸が育っていきます。よく動く軸というのは、耐震構造ということなのです。人間とは自己の誠がこの世を貫いていけるという自信があれば、あらゆることに対応できる柔軟な自己が生まれてきます。それが誠です。自己の誠は他者の評価で右往左往しません。だから誠を育てようとしていると、何が自分かということを選びやすい自分が出来て来るということです。

何が自分かということを選ぶ際の「何が」というのは、人類が築いてきた文化に決まっている。どんなものにも人類史の文化が残っている。例で言えば、床屋になるにしても、床屋という商売は文化です。人類が遺してきた文化なのです。自分と文化とが交流し出すということです。大きな言い方をすれば、自分と宇宙との繋がりになる。だからぶれない軸を育てている人は、必ず職業でも家庭でも何でも、これが自分だというものを選べば、宇宙との交流が始まるということです。

宇宙と交流が始まると、今度は自分がこの世に来た謂われが段々分かってくる、ということなのです。これがいい循環に入ればどんどん成長していく。少しでも成長が始まると、もう他人の意見とか評価は関係なくなります。それは私が実践して絶対、皆さんに断定出来ます。とにかく、他人に好かれたいとか、評価を受けたいとか、分かってほしいとか思っている間はとにかく自分が無いのです。愛する親に勘当されていても大丈夫なのです。

自分の「何が」ということを決定していなければ、私なども父親に勘当されるのはやはり嫌です。やはり一流会社にそのまま勤めていようとか思うわけです。私はそういうことは、全然関係ありませんでした。不思議なのですが、自分を貫けば貫くほど、親に対する愛情というのは深まっていくのです。だからたぶん、私も親の言うことを聞いて会社も辞めないで独立もしないで、危ないことをしないで生きていたら、親のことは好きになれなかったと思います。

特に私の父親は非常に厳しい人でしたから。たぶんそうだったと思います。親のことを本当に深く好きになったのは、やはり自分を通していたからなのです。自分の生き方で、信念を通す苦しみというものを味わっていますから、そうすると私も父親の苦しみが分かるのです。父親もエリート思想というものを貫いたわけですから、きっといろいろなことを肚に収めて来たのだろうことが分かるのです。自分が折れたら、親のことも分かりません。そういうことなのです。

ぶれない軸というのは、よく動く軸だということなのです。この辺はちょっと難しいのですが、動くということはいい加減だという意味ではありません。「柔よく剛を制す」という諺があります。それがこの謂《い》いなのです。ぶれない軸とは、また柔軟な軸ということになるのです。この柔軟な軸というものは、個人個人ですべて違うものです。だから他者の真似はすべて間違いになるということなのです。元々死に方を決めて自己の軸を養成していないと、ぶれない軸の生き方にも入れないということになるのです。

自己の死生観、つまり誠を養成していると、どこかで自分が命を捧げるものがこれだとか、自分が生きる場所はこれだ、ということが決定できる。そうやって人生の生き方が決まっていくのです。これが決まると、柔軟な思考、柔よく剛を制すということが体得できることになる。これが分からないと、悪い意味で信念を持って突っ張っているような硬直思考と、一般に言われるものになります。すべての人を受け入れない、何も受け入れない、自分だけが正しくて綺麗だという、そういう人っていますよね。「何が」が無いと、そうなってしまうのです。

負けていい

まずは、何度も言いますが、死に方を決めることです。どこの場所でどういうものに向かって自分が死ぬのかを決めていくと、生き方が生まれてきます。そして、それがだんだんとぶれない軸を決めていくのです。そのためにぶれない生き方は自己の運命に体当たりをしていく者にしか与えられない。自己の運命を愛するには、他者の運命は参考になりません。運命にとって、あるのは自己の人生そのものだけなのです。先ほどの話の宿命を認めるということによって、その運命が回転を始めます。

宿命というのは、皆さんの中には不平不満もあるかもしれませんが、実は皆さんがこの世に生まれてきた時の、唯一無二の、歴史的にも一人しかいない、誰とも違う、宇宙と自分が一体になれるものなのです。考えようによっては、そうなのです。それがどんなに悪くても惨めでも、必ず昔の人の言葉でいう神と自分が一体になることの出来る尊い唯一無二のものが与えられている。人類史が何万年あっても、自分と同じ条件、自分と同じ環境に生まれた人は、この世に一人もいないのです。これは凄く尊いことです。ただ、この尊いことを摑めるかどうか、という話なのです。それが宿命を摑むということです。そして宿命を摑むと、人生に体当たり出来るようになります。

自己防御が激しい人、自分を守ろうとしている人というのは、非常に自分自身に自信が無い人です。自分に不安な人ということですが、今はそういう人が多いです。自分の生き方が出来ていないのです。皆さんも本などを読んで分かると思いますが、例えば明治時代の人などは、捨て身の人が多いですよね。あれが自分の生き方が分かっているということなのです。尊い人ほど、自分の人生にしがみついていません。それも皆さんも分かると思います。そういう自分を創っていくということが、重要なのです。そのためには運命に体当たりをしなければならない。体当たりをして自分の価値というものを確認していかなければならない。体当たりをすれば、段々と自分が唯一無二の存在であることが分かって来るのです。それに関しては、本では学べません。本に書かれた人生や人は、やはり自分とは違う人ですから。自分に来る運命に体当たりをしなければならないのです。良い悪いに関係なく、自分に来るものすべてです。

私の立教の例というのは、運良く体当たりになったということです。運良く目の前にあったものを受け入れることが出来た。立教を出ても文句ばかり言っている人間もいるわけです。こんな学校を出るのではなかった、冗談じゃない、ふざけるなとか愚痴っています。その度合いが強いほど、人生は駄目になる。要するに、運命を受け入れていないということです。

失敗によって、自己の運命を掴むのです。それによってぶれない軸が段々と浮き彫りになってくる。だからぶれない軸を手に入れるには、自己の魂が動き続けることが大切なのです。だから、人生で「負け続ける」ことが大切にもなるのです。この「負け続ける」ということが運命を知る上では重要なのです。皆さんもいろいろなことで臆病になると思います。それは成功しようと思っているからなのです。また今は成功よりも人に好かれたいとか、人から評価を受けたい、いい人だと言われたいなどが多い。一昔前までは成功志向でした。今は成功などよりも、いい人になりたいということなのです。スピリチュアルがそれです。スピリチュアルの人と知り合うと分かりますが、「私の魂は美しい」とみんな自分で言っています。手のひらを上に向けて、「私は天使と話が出来る」とか言っている。要はそういうことです。そういうのが一番駄目なのです。汚い自分と対面し、失敗し続けなければいけない。もちろん私も七十四歳になっていますが、失敗の連続でした。これが重要なのです。失敗の中からしか、宇宙との交信も含めて生まれて来ません。失敗をしても帰る場所がある、それを作っていくことが重要なのです。帰る場所が無いと、そのまま崖から転げ落ちる。ぶれない軸を作るということは、自分の中の帰る場所を作るということに等しいのです。帰る場所があると、何でも出来るようになります。

良い家庭は、良くない

私は政治に興味はありませんが、中には好きな人も多いと思います。政治家で私が尊敬している人物に、第一次世界大戦下のフランスの首相クレマンソー*がいます。二十世紀で最も偉大な政治家の一人と言われている人です。政治というのは汚い世界なわけです。その汚い政治の世界でクレマンソーがずっと心が折れなかったのはなぜか。第一次世界大戦という大きな戦争の戦後処理が出来たのはどうしてかということなのです。それはギリシャ・ローマの古典のお蔭だった。クレマンソーは古典が好きで、ギリシャ哲学、プラトン*の思想に、毎日家に帰ってから触れることによって、政治の世界で生きることが出来たと日記に書いています。自分の帰るべき魂の故郷、それを開発することが一番重要なのです。

何が自分かと決めるには、前もってそれがなければならない。プラトンの哲学を愛しているというのは、クレマンソーの軸なのです。クレマンソーはそういう軸を持っている人物なので、自分がフランスの政治家として、汚らしい泥に塗れた政治の中で自分は死ねると決めていた。心が美しければ泥水の中で死ねる、とクレマンソーは自分で決めたということです。それが重要なのです。そう思う自分をどう創っていくかということが、私の話していることなのです。

そのためには、負け続けることで真の自分を創ることが大切なのです。私などは負け続けている人生なので、本当に楽です。勝っている人は本当に見ていて可哀そうです。負けていると、誰からも褒められたことがほとんどないので、物凄く楽です。本当ですから、皆さんにも楽を味わってもらいたい。負け続けると、何でも出来る自分が構築されます。なまじ良いと駄目です。

だから今の家庭も、良い家庭が一番駄目です。私はこのことを日本の危機だと思っています。両親がきちんとしていて、父親が一流会社に勤めていて、母親も立派で教育熱心で中流家庭で恵まれている。そういう家庭の子供はほとんどが自閉的です。恵まれてしまうと駄目なのです。今でもやる気のある人間というのは、親は多少おかしかったりします。酷い場合には、それに貧さが付いています。何かで失敗して自己破産しているとか、そういう家は、本当に子供がいい。七十四年生きて、商売をずっとやって来ていますが、長い間付き合っているお客さんにはそういう例が多いのです。どこの家庭を見ていてもそうですから。そういう意味では非常に悲劇的な時代です。良い家の親がみんな苦労しています。だから、最低限度のレベルの家庭で、親が変人で変わり者が良いのです。とにかく、良い人の家庭がきついのです。

私の知り合いでも、中流家庭で夫婦ともに非常に仲が良い方というのはいます。でも、ほとんどの家で子供が駄目なのです。可哀そうですが、幾ら何をやっても駄目なのです。良い環境が整い過ぎているのです。失敗をさせないので、子供が臆病になっているのだと思います。だから悪さや失敗が必要なのです。

ぶれないためにぶれる

ぶれない軸で生きた代表的な例を、伝統というものを通じて考えたいと思います。ぶれない軸を考えるには、伝統を考えることです。文化の中でぶれないで生き残って来たものを、我々は伝統と呼んでいる。伝統という保守的なものを守る価値について、小林秀雄が言っていました。『伝統について』というエッセイの中です。「伝統はこれを日に新たに掬《すく》い出さなければ無いものである」と言っています。

だから伝統というものは守れば良いというものではありません。日に新たに掬い出すという言葉を使っているのです。掬い出さなければ無くなるものだと言っています。これが、伝統が如何に硬直ではなく時代によって柔軟にぶれてきているのかということなのです。だから時代によってぶれている伝統というのは、ぶれていないということなのです。表現としては矛盾して聞こえてしまいますが。

伝統として生き残って来るということは、軸がぶれていないから生き残ったのです。ところが軸がぶれていない伝統というものは、時代に合わせて柔軟にぶれていたということなのです。日々新たに拵い出すというのは、そういう意味なのです。不断の革命、不断の改革、不断の変革が無ければ伝統も生き残れないということです。これは伝統という一貫性に対する名言と言わなければなりません。絶えず改革し刷新することによって、初めて伝統は存続するのです。ぶれないためにぶれる、このこつを会得して頂きたいのです。

ぶれないためにぶれるというのは、泥に塗れても帰るべき故郷を持っている、ということなのです。それがぶれないためにぶれるということを生み出す。帰るべき故郷、精神の故郷がある人は、幾らでもぶれられるのです。幾らでも戻れるから。そういうものを構築するのはまず何が自分であるのかを決めるためにも必要なのです。昔の人のように、中学を出たところで大工と決まっていれば、その人は死ぬまで大工に決まっているのです。慌てる必要は無い。これは、逆に言えば、凄く楽なのです。その楽なことを皆さんに味わってほしいというのが、今日の主題なのです。

ある意味では人権やヒューマニズムで、誰しも人間には価値があるなどと言われて、そのために現代人は一番大変な人生を送っているのだと思います。みんな良い人にならなければならないと思っているでしょう。私は思ったことはありません。一回もない。良い人間などになりたいとも思わないし、言われたら気持悪い。しかし、友達や知り合いを見ていると、皆、自分をいい人間だと思いたいがために、大変な思いをしています。これもエゴイズムの話ですが、ご苦労様なことだと思います。これは国家が我々の目の前にぶらさげている餌《えさ》なのです。この民主主義を牽引するための餌に飛びついているだけの話です。テレビなどは特に良いことしか言いません。必ずそうなります。テレビ関係者の知り合いも多いです。職業のことで何かを言うのは申し訳ないのですが、テレビ関係、マスコミ関係は最悪ですね。人格的に低劣という人はたくさん会って来ましたが、マスコミが最悪です。特にテレビです。もう口にもしたくない。

どうしてテレビ関係者がそうなってしまったかについて、私には何となく分かるのです。つまりは綺麗事ばかり言っているからに違いありません。だからストレスが溜まって来るのだと思います。私などは言いたいことを言って、ストレスは溜まりません。テレビ関係者は溜まると思いますよ。何しろ民主主義に合っていることしか言えませんからね。

さて、伝統の件で、ぶれないためにぶれるということは分かって頂けたと思います。この真理を伝統から学ぶ必要があるということです。頑固と軸とがどう違うかということを、今日を契機に理解して頂けたらと思います。頑固と言われる人が何なのかと言うと、自己固有の死生観が無いということなのです。それがどういうことかと言うと、帰るべき故郷が無い、ということです。帰るべき故郷を持たないくせに、何か信念のようなものを語ると頑固に陥るのです。

私は自分の故郷を持っています。武士道も故郷です。例えば生意気な態度の人などがいるとします。武士道なんてくだらないとか、馬鹿が信じるものだとか、言ったとします。全然腹は立ちません。どうしてかと言えば、帰るべき故郷があるからです。ところが、自分が武士道で生きると決めていないのに武士道だと言っている人間であれば、貶されると腹が立つのです。構造としてはそういうことです。私はまったく腹が立ちません。立つ人のことは分かりません。武士道を貶されても腹が立ちませんし、見かけなど問題外です。見かけを貶されても何のこともありません。

この講演を終わって、とんでもないくだらない講演だったと、今日は時間の無駄だったと皆さんに言われても、私は何ともないです。ぶれない軸とはそういうものだと思って下さい。これが、みんなが褒めてくれないと怒ると言うのなら、私は嘘の話を言っているということです。私は人生で培った信念を語っていますから、分かって頂けないのなら、その人とは人生が違うので仕方ありません。幾らでもいます。大体、私の父がそうだったわけですから。だからと言って腹を立てるのは間違いなのです。人生では、自分が出来ることしか出来ません。ですからみなさんが私を褒める必要はありません。だから私と話すと疲れないですよ。何を言っても大丈夫ですから。これは嘘ではありません。

宇宙の愛

今までの話を自己の人生に当てはめれば、そのままぶれない人生に繋がって来ます。先ほど伝統とは文化だと言いましたが、人間の文化とはどんなにつまらない文化であっても、すべて宇宙の真実によって創られているのです。宇宙の力です。それが人類の文明を創った。どんなつまらないものでもそうです。だから自分はここで生きるのだと決めればいいのです。

ピアニストならばピアノの練習、大工なら大工の修業、そういうところに勤しんでいると、よく名人の人が言っていますが、宇宙と繋がるのです。どんなものでもそうです。何故なら、人間が今成していることというのは、全部宇宙が創ったのですから。宇宙論と生命論になるとまた壮大な話になりますが、ビッグバンの力のエネルギーの滴りを頂いて、我々一人ひとりが生まれたのです。膨張する宇宙の爆発力のエネルギーの末端に我々は生まれている。その爆発力が地球を創り、地球の中で人類が出来て、人類が文明を営み創って来た。だから文化や文明は全部、宇宙力なのです。

段々とぶれない自分が出来て自己の軸が醸成されると、この世のすべてが宇宙の愛の中で創られて来たことが分かります。大体、キリストが愛を説いているのも、宇宙の力をキリストが地上で述べているだけなのです。愛の根本というのは。星が出来てその星が死んで星屑になって、その星屑が星雲を創り、その星雲が次の星を生む材料になる。この無限の循環運動を、愛と呼ぶのです。自分の身を次の新しい何ものかのために捧げるということを、星もやっているのです。宇宙は全部それで出来ている。その循環システムをキリストは話しているのです。

ジョン・ミルトン*の『失楽園』という長篇詩が岩波文庫から二分冊で出ています。私のようにキリスト教を誠をもって研究していくと、この詩を読んで現代物理学の、アインシュタインもエンリコ・フェルミ*もオッペンハイマー*の理論も、そのすべてが理解できるようになります。ジョン・ミルトンの『失楽園』の中のアダムとイヴの話やサタンの話から、量子論もそのほとんどを理解したのです。キリスト教も深まって行けば、愛の話というのは宇宙の話だと気付く。私は『失楽園』を死ぬほど読みましたが、読み終わった時にハイゼンベルク*やシュレディンガー*の量子力学も全部理解できた。それからシュレディンガーやハイゼンベルクの本を買ってきて読んだのですが、全部、分かった。物理学の勉強をしたのではないのです。キリスト教の大信仰者のジョン・ミルトンの書いた『失楽園』という信仰を述べている本を読んで、物理学が分かったのです。要するに宇宙とキリスト教は、同じものだということを言いたいのです。だからキリストが言っていることは、宇宙を述べているということです。それを地上でどう展開するのかを語っているのです。

何かに徹する

ぶれない軸は覚悟で決まります。各人の持っている運命は唯一無二のものなのです。つまり、その唯一無二のものに立脚して生きることが、ぶれない人生の軸を生むのです。だからぶれない軸というのは、他人の真似は出来ない。自分の中の唯一無二の「何か」に立脚しなければならないのです。だから善悪良否はない。自分が悪人として立ったら、悪人として死ななければならない。悪人として死ぬ覚悟がなければ、ぶれない軸は出来ない。テレビや国が言う「これが正しい生き方」では、軸は出来ないのです。それは嘘だからです。一人ひとりが自分の宿命にあったものでなければ駄目です。だから宿命が悪人になることを示しているのであれば、ならなければ駄目なのです。それで悪人になった人は、歴史が善悪を超越して、素晴らしい人生を証明してくれるのです。それが土方歳三などの人生です。あれは自分の宿命と運命に正直に生きた人だから、価値があるのです。

どう生きなければいけないということは無いのです。それを今日の講演で絶対的なものとして覚えておいて下さい。何かに「徹する」という言葉がありますが、この徹するということが一番重要なのです。悪なら悪に徹するのです。私はその覚悟でいます。だから最後にはとんでもない悪人で死ぬかもしれませんが、それは死ぬまで分かりません。どちらでもいいです。昔の人はそういうことを「天」という言葉で表わしていました。善悪良否などは天が決めることなのです。総理大臣とか、今生きている人とか、自分とか家族とか、そんな他人が決めることではないのです。善悪良否は天が決めることです。天と話すことが、ぶれない自分を創るということなのです。天と話さなければ駄目です。自己の宿命を見詰め、自己の運命に体当たりで生きることだけをやるべきです。

覚悟に生きた芭蕉

私は芭蕉《ばしょう》*を読んで無常に生きるということを考えさせられました。それからというもの、松尾芭蕉が好きで、芭蕉を非常に尊敬しています。自分の生きる場所、何が自分であるかということを、芭蕉は「無常」に決めていたのです。無常の人生を抱き締めるのが、自分の人生だと決めていた。だからあの偉大な俳句が生まれてきたのでしょう。『のざらし紀行』という本があるのですが、その中の話をお伝えします。

捨て子が道にいてみじめな乞食をしている。松尾芭蕉は旅の途中で、その子供に対して投げ銭をするのです。今で言えば五十円か百円をくれたのでしょう。その時のことが『のざらし紀行』に書いてあるのですが、有名な文です。「いかにぞや、汝父に憎まれたるか。母に疎《うと》まれたるか。父は汝を憎むにあらじ。母は汝を疎むにあらじ。ただこれ天にして汝が性の拙《つたな》きを泣け」という言葉を投げかけるのです。これは今流に考えると酷いと取られるでしょう。ご多分に漏れず私も現代に生きているので、高校一年生の時に読んだのですが、さすがにずっと悩み続けました。芭蕉は死ぬほど尊敬している。でもその芭蕉がみじめな乞食の子供を目の前にして、投げ銭をして「汝が性の拙きを泣け」と言って去るとは。

私はこの言葉を考え続けて生きて来ました。芭蕉と言う人は本当に温かい人なのです。弟子に会いに行くと、その弟子が死んでいて墓参りをしました。その折に詠んだ「塚も動け　我が泣く声は　秋の風」という有名な俳句があります。これなどは私が命に代えるほどに好きな句です。これには芭蕉の物凄い優しさが入っている。そういう俳句を詠む人が、幼子に「汝が性の拙きを泣け」と言う。高校一年生の時にこの問いかけを受け取ったのです。そこで受け取ってずっと考え続けました。

私がこの問題に対して、自分なりに肚に落ちたのは、六十二、三歳でした。落ちた時の状況も覚えています。これはやはり芭蕉が、覚悟を決めているということなのです。人生は無常であることを、芭蕉は知ったわけです。その無常の中で生きることを決めていたのです。その決めた自分を守るために、やった行動だということなのです。そこで子供にすり寄ったら、それは無常ではない。ヒューマニズムに向かってしまって良い人になってしまっては、松尾芭蕉は生まれないということを言いたいのです。松尾芭蕉が俳人としての自分の人生を決めたのは、どのくらい悲しみや涙を呑み込んで生きたのかを知ってほしいのです。私はこの言葉の中に、芭蕉の悲しみを感じるのです。だから芭蕉は偉大な俳句を作るために、捨てたものや悲しみと共に生きているつもりだったに違いありません。その代表的な言葉がこれなのです。でも、これに近いことくらいが出来ないと、自分独自のぶれない自己を築くための「何が」自分なのかは決められない。ぶれない軸を作るためには覚悟しかないという由縁です。

十字架の聖ヨハネとドン・キホーテ

私は二十歳の時にキリスト教の神秘思想家で、十字架の聖ヨハネという十五世紀のスペイン人の言葉に出会いました。その人の言葉で、私の覚悟が決まったのです。「お前の知らぬものに到達するために、お前の知らぬ道をゆかねばならぬ」という詩です。十字架の聖ヨハネ、スペイン語ではサン・ファン・デ・ラ・クルスと言います。この言葉を知った時に、私の武士道の『葉隠』と、それまでに培ったキリスト教の知識とがドーンと合体したのです。二十歳の頃なので、それから五十年以上、自分を律する言葉になっているのです。ですから、私は何の不安もないし恐れもありません。どんな失敗も恐れないし、どうなってもいい。どうせ人生というのは知らない道を生きているのです。「お前の知らぬものに到達するために、お前の知らぬ道をゆかねばならぬ」。だから私は他人の言葉や環境では動いたことがないのです。これが私の勇気の根源です。そういうものを考えていると、会得することが出来る。

セルバンテス*の『ドン・キホーテ』は世界文学の最高峰のものです。それが何故かと言うと、ドン・キホーテが自己の宿命と運命を信じる人生を送ったからなのです。そしてドン・キホーテは人生の中で偉大な真実を摑んだ。それは「私は自分が何者であるかを知っている」という言葉に表される真実です。これは「何が自分を作っているかを知っている」ということです。ドン・

キホーテはどう言っているかといえば、「騎士道が私である」ということです。この「騎士道が私である」と言うことによって、『ドン・キホーテ』は文学を乗り越えて、以後の人間の一つの手本と言うか、歴史的な人間になったということです。

「騎士道が私である」ということを断定したところからドン・キホーテは如何なる嘲笑にも耐えられ、如何なる侮蔑にも耐えられ、また度重なる失敗にも決してくじけることが無かった。つまり、ぶれない軸の化け物だということです。私が尊敬するスペインの哲学者のミゲール・デ・ウナムーノとか、またドイツのエルンスト・ブロッホ*は、この『ドン・キホーテ』が世界最高の文学であり、ドン・キホーテの生き方が人間の理想であるということを言っている。それを皆さんに知っておいてほしいということです。

大和魂とは何か

ぶれない軸を持つ人物について、ここで何人かの例を引いて話したいと思います。まず一人目は、哲学者で田辺元《はじめ》という人が私は大好きなのです。京都学派の西田幾多郎の弟子の一人です。「種の起源」という偉大な哲学を築いた人です。その人が書いた手紙の中にあるのですが、「私が哲学をするのではなく、哲学が私なのだ」ということを言っています。哲学が自分だと言い切れたこの言葉が、やはり田辺元という日本に輝く哲学者を築き上げたと思っています。

また、ぶれない生き方をした代表に保田與重郎がいます。その人が重要視した考え方が「偉大なる敗北」です。保田與重郎はぶれない軸を創るために、偉大なる敗北が必要だと言っている。そして偉大なる敗北について「理想が俗世間に破れることだ」と言っているのです。理想を持って生きることは大切ですが、それは世間では敗れなければ駄目だと言っている。現代人には分からないと思いますが、敗れることが重要なのです。敗れないと自分固有の人生というものは歩めない。私も敗れ続けています。その敗北を叙し、未来を展望するのが文学の役割だということを、保田與重郎が書いているのです。

理想というのは自己の中にぶれないものを立てようとすることを指し示します。そしてこれ自体が敗れ去らなければ駄目だ、ということを言っているのです。達成されるような理想というのは、実は理想ではない、欲望なのです。欲望と理想を間違えてはいけません。理想と言うのは絶対に達成できないのです。そして必ず敗れる。敗れる時に本当の軸が立ち上がって来るのです。戻るべき場所が出来るということです。何が自分かを知っている人物だけが、これをすることが出来ます。明治の人が血湧き肉躍る人生を送ることが出来たのは、そういうことが分かっていたからなのです。

紫式部*は『源氏物語』の中に、ぶれない軸の代表的な例として、大和魂こそが真髄であると書いています。実はこの「大和魂」という言葉は、『源氏物語』が初出なのですね。光源氏が子供の夕霧の教育について母親と話しているシーンが「乙女の巻」に出てきます。そこに「大和魂」

という言葉が初めて出てくる。源氏の中に「大和魂とは何か」ということが書かれている。一言で大和魂を言えば、ぶれない、絶対的なものを心の中に持っている人が、大和魂があるということなのです。それが平安時代には家柄とか血筋などによって培われるのだろうと言われていたのです。

『源氏物語』の中では光源氏はその点に異議を唱えて、「才《ざえ》」、つまり我々で言うところの知識も大事だと、それも少しは重要なのだ、と母親と議論しています。それで自分の子供に知識を付けさせようと大学にやっています。その時に母親がそんなことをする必要はないじゃないかと、うちのようなきちんとした家柄に生まれれば、立派な魂を持っているのだからそれでいいと母親は言うのです。光源氏はそんなことはないと、知識があった方がこれからは大和魂のためにも良いのだと言う。これが、ある種の近代の始まりなのです。そういう意味でも大変面白い。

大和魂というのは、遊んでいようが、酔っぱらっていようが、何が自分であるのかを知っている人が、大和魂の持ち主だと『源氏物語』に相対的に書かれているのです。だから『源氏物語』にはくだらない人間がたくさん出てきます。女遊びばかりしているとか、いつでも酔っぱらっているとか。ところが、あの当時の平安貴族のいい家柄の人間は、こと日本国のこと、皇室のこと、それから伝統のことになれば、背筋がぴんと伸びるのです。それを大和魂と言っています。大和魂は、『源氏物語』の中では、勉強とか「漢才《からざえ》」という中国から来た学問では、まったく太刀打ち出来ない。唐の学問は幾ら研鑽しても、いざという時には自分の損得しか計算しないことになる。そういうことを紫式部は言っているわけです。だから大和魂とは何かを知るにはとても良いのです。『源氏物語』のような美しい古典の文章を毎日一ページでも二ページでも読むと、本当に心の中に軸が生まれて来ます。美しい文章には、心を創る働きがあるのですね。

大和魂は勉強して出来るものではない。家柄や血や魂を体現することで初めて可能と成る。この当時の家柄や歴史と言ってしまうと身も蓋もないのですが、要するに自分固有の宿命、自分固有の運命、こういうものを受け入れた人は、昔で言えば家柄などがいい人、血筋がいい人と全く同じに成るのです。だから自分の宿命や運命を受け入れないで、勉強だけしている人間は、幾ら勉強しても、いざという時には自分の損得しか出ないということです。そこのところをぶれない軸とは何かを考える上で、良く築き上げてください。

問い続ける一生

ここで一番重要なことは、何が自分であるかということを問い続けることなのです。それが見つからなくても、問い続けるということが重要です。本当は、そのために文学を読むのです。私が若い時には、文学は教育上で最も重要だと誰もが言っていました。それは、人生の問いを見つけるからなのです。答えは駄目です。答えを見つけたのならば、その人の人生はそこで終わります。後は軽薄短少で、自分の損得しか考えない人生しか残っていない、と思って下さい。だから答えは見つけない方がいい。答えを見つけようとして苦悩することが、人生を創るということです。

芭蕉の生き方についての問いが私の中に生まれたのは高校一年生の時です。それが六十二、三歳になって、やっと自分なりに納得の行く解答が出来て来たわけですから。それには、そこまでの読書の積み上げや自分なりの経験が必要だった。自分の人生経験が無ければ、私が無常の世の中で体当たりを繰り返す人生が無かったら、芭蕉があそこで書いた文章、芭蕉の本当の真心、つまり軸を理解する能力は無かったと思います。私は自分が体当たりすることで、芭蕉の軸を理解することが出来たと思っています。どうしてこんなに悩んだかと言うと、芭蕉の俳句を読むと、本当に人間に対する愛着や、尊敬、思いやりが強いのです。だからこそ、あの言葉を理解するまで大変な時間がかかったのです。

斎藤実盛*という有名な武士がいます。源平合戦の頃に戦で死に、斬られた首が気比神社に祭られています。その斎藤実盛を偲んで芭蕉は「無残やな　兜の下の　きりぎりす」という句を詠みました。私はこの句と共に斎藤実盛の人生を考えるたびに涙が流れるのです。斎藤実盛という人が本当の武士として生きた。その人生を芭蕉が本当に偲んでいる。偲ぶということはやはり優しさですからね。先ほど「塚も動け」という句を紹介しましたが、死んだ弟子に対する愛情です。真底優しい人間が、捨て銭をして捨きを泣けと言って去った。この不条理の苦悩を、私は五十年以上考え続けて来たのです。だからこそ、無常の本質を自分なりに摑めた。この問い続けるということを、皆さんも必ず一生そうしようと、今日を限りに決意してください。これはどこかで決意しなければ出来ないのです。

決意の時は、立教の有賀先生の例ではありませんが、その内容を人間と一体で覚えておくと忘れません。あの時、執行がこう言っていたなと。私は有賀先生の面影と共に言われたことを全部覚えています。だからものすごく記憶が深いのです。もしも有賀先生が媒介者となってなければ、たぶん全部忘れてしまっています。少なくとも私を良い意味でも悪い意味でも媒介者にして、今日言われたということを覚えておくと、忘れにくくなります。

軸を立てるということでは、私は、ダンテの『新生』が好きです。『新生』には、軸と成るものが何かが語られているのです。これからの人生で何か起こった場合、「ここに新しき生が始まる」という、ダンテの言葉を思い出して下さい。同じことを思い続ければ、ダンテと同じになれるのです。ラテン語でも覚えておくといいですよ。《インキピート・ヴィータ・ノーヴァ Incipit Vita Nova》です。この言葉は、自分の人生で初心となるべきものとの出会いを述べているのです。この出会いへの思いが、自分の軸を立てていくのです。

いまの言葉もそうですが、原語で覚えておくと、非常に記憶は深まります。覚えればそうなります。却って原語で覚えている方が記憶は深い。英語、フランス語、ドイツ語などもそうです。私は別に上手いわけではありませんが、気に入った言葉はドイツ人の言葉はドイツ語、フランス人の言葉はフランス語で覚えているのです。たった一文ですから必ず覚えられます。でも、覚えると絶対に忘れません。ものすごく記憶が深くなるのです。日本語の口語は特に忘れます。普段話している言葉だからです。だから日本語で覚える場合も、昔の言葉で覚えた方が覚えやすいです。例えば漢文ですと、普段使わないので、別な記憶にきちんと入るのです。だからダンテの言葉もラテン語で覚えておくといいです。是非お願いします。これで今回の講演は終わりです。ありがとうございました。

質疑応答

「葉隠」が誠の出発

――先生が「葉隠」を誠として築いておられ、さらにキリスト教を信仰されているのでしょうか。

執行　それは少し違っていて、「葉隠」が誠なのではありません。「葉隠」が間違っているかどうかは関係ないのです。私が自分の人生で「葉隠」で死のう、「葉隠」の通りに生きようと決めたのが、私の誠の出発になったということです。

――分かりました。その上での質問なのですが、新渡戸稲造*も『武士道』を書き、かつキリスト教徒だったと思いますが、先生も武士道とキリスト教の親和性について考えられることはあるでしょうか。

執行　新渡戸稲造の書いた『武士道』は日本の朱子学に基づく、江戸時代に確立された道徳の武士道ですから、私が言っている武士道とは少し違います。私が言っている武士道は『葉隠』に書かれている武士道で、戦国の武士道です。そこに書かれているのは、どう死ぬのかということです。キリスト教で言えば『クオ・ヴァディス』という文学にも書かれていますが、原始キリスト教、つまりキリスト教がローマ帝国で公認される前、国教になる前、まだ国に弾圧されている頃です。だから聖ペテロや聖パウロがいた頃、あの頃の原始キリスト教が『葉隠』のキリスト教と言えます。あの頃の原始キリスト教と『葉隠』はまったく同じです。三百年に亘って、キリスト教は弾圧しかされていません。

日常生活について

――まったく話が変わってしまうかもしれませんが、先生の日常がどういうものか、どういうふうに日常生活で軸を築かれたのか。例えばどういう食生活なのかなど、少し教えて頂けませんか。

執行　難しい質問ですね。私は生活というものを考えたことが無いので、健康のこととか生活とか、考えたことがあまり無いのです。食事に関しては、適当に食べています。あまり良し悪しは考えていません。その時に誰かが作ってくれればそれを食べるし、会社でも腹が減ると、社員が持っているものを食べています。社員に内線して「余っている食べ物は無いか」と。そうすると社員がお盆に乗せて持ってくる。その中から菓子パンとかを選んで食べています。とにかくあまり考えていません。私は健康とか生活を一切考えないのです。
私は実業家なので、毎年受けなければならない健康診断に関しては、法的には縛られていません。ですから会社を立てて四十年間、一度も健康診断を受けていません。調子が悪ければ寝ているだけで、自分の身体がどうなっているのかも気にしたことはありません。なにしろ、何歳で死ぬのかを考えていませんので、食べ物のこともまったく考えてもいないし、分かりません。旅行の情報を見たりすると、旅館などで出る料理があるじゃないですか。ああいう贅沢で豪華な食事はあまり好きではありません。どちらかと言えば、質素な食べ物が好きです。なぜだかは分かりません。でも旅館の食事の写真などを見ると、何か嫌な気持になります。

宗教と軸

――先生はキリスト教に入信されているのでしょうか？

執行　私はこういう人間なので、キリスト教の宗教組織や団体などに属するようなことはありません。教会なども行ったことはありません。しかし洗礼は受けています。

――柔軟に対応する力が軸を生み出したり作ったり、ぶれない生き方に繋がるということですが、それは神道の「中今《なかいま》」*と同じようなものでしょうか。

執行　近いです。神道の場合には、神道から武士道が生み出されたので、神道は原始キリスト教とても近いものです。死ぬための宗教です。だから「中今」もそうです。

——「中今」をしていることによって、軸が出来ると。

執行　そういうことです。

——今日お話し頂いた軸と宗教的な信仰心とはどのように考えればよろしいのでしょうか。

執行　信仰心とはもちろん宗教から出ているわけですが、宗教は人類の根源です。人類が人類にどうして成ったかと言うと、宗教を生み出したからです。つまり神です。だからそれが一番正しいのですが、今の時代の人は神を喪っている。だから神のことを言っても駄目なのです。言う人は神の自己利用しかありませんから。ですから私は何かの団体に入信するということはないのです。神のために本当に命を捧げるのであれば、神が一番正しい。ところが、神を喪った時代を生きる中で、生命の本当の尊さを知るためにはどうすれば良いかと言えば、逆に日本人が培ってきた誠という考え方の方が馴染みやすい。それは、昔の原始キリスト教の神に向かう信仰心に近いということです。そして誠の積み重ねが自分の軸を生むことになるのです。

　武士の切腹などは、原始キリスト教での聖ペテロや聖パウロが死んだことと全く同じなのです。聖ペテロの死は日本で言えば切腹なのです。ペテロはローマ帝国のネロに弾圧されて逃げて、アッピア街道でキリストの霊体に会いました。そしてキリストの霊体から「お前はローマから逃げるのか」と言われた。そして「では私がもう一度十字架に架かりに、信者のために戻ろう」と言われて、ペテロは大いに自分を恥じたのです。そして聖ペテロは戻って逆さ十字架に架かって死んだ。あれは切腹なのです。肉体を殺して魂を生かした。永遠の命となったのです。

ちなみに、今のカトリック教会の大本山となるのは、聖ペテロが逆さ磔になった場所で、サン・ピエトロ寺院です。ローマ法王の権威というのは、聖ペテロの後継者だからということなのです。それをもって、権威となっているのです。だから今のローマ法王というのは優しさがどうのと言っていますが、すべて間違いなのです。本当は聖ペテロのように生きなければならないのです。それが自分の権威だからです。

――現代の宗教の教えを信じたところで、駄目だということですね。

執行　今の宗教は全部駄目です。ただ、宗教も本の中には、昔の宗教家の偉大な真実は残っています。本を通じて自分の魂の対話をしてほしいということです。だから現世のものは全部駄目なのです。宗教も当然、駄目です。キリスト教の教会に行っているかどうかも関係ない。特に現在の宗教団体は、キリスト教、仏教を問わず逃げにしか使われていないように思います。

直観を信じる

――人生はすべて問いかけであり、答えを求めないということでした。しかし、「これはなんだろうか」と自分で答えを求める習慣があり、その時に「こういうことではないか」と思うことは、答えを求めることになるのでしょうか。

執行　いいえ、断定しなければ答えではありません。

――答えを求め続けるということでしょうか。

執行　そうです。だからそこが体当たりだと言っています。自分がその時に答えだと思っているやり方で、来た運命に体当たりするということなのです。そして、それはたぶん敗れますから。敗れないものは、私は宇宙の真実ではないと思っています。学校の教科書が真実ではないのと同じで、私は真実というものは答えが無いと思っています。本当の自分の誠に向かえば、真実に向かうわけですから。この地上では自分の問いかけに対する答えは、すべてが敗れるのです。そうやって段々と自分の魂が、永遠の魂に近づいて行くのです。そういう生き方を言っているのです。

――いつも違和感があると、自分の道ではないと感じたりします。魂が違うと言っているような、直観と合わないと言いますか、そういう判断基準でもよろしいのでしょうか。

執行　直観が最も正しいです。腑に落ちる、落ちないということです。直観をどこまで信じられるか、それから直観を育てていくのが大切なのです。この育てていくということが大変なのです。

――これまで、この人はお金がありそうとか、可愛いなこの人などと思っていると、全部失敗しました。

執行　私もそうです。直観以外は全部駄目でした。すべて直観の通りだったのです。ですから、ある程度失敗を重ねないと分からないのだと思います。これは誰からも教えてもらえないので、自分で失敗して体得していくしかないのです。

失敗して学べ

――お話を伺う中で、初心を貫く、徹底することについて質問があります。自分は気持を新たにしようと思っても、簡単にぶれてしまう人間でして、先生にも同じようなご経験があるかと、そういう時にはどのように乗り超えられたのか教えて頂けますか。

執行　それは失敗しながら初心の大切さというものを自分なりに摑むしかありません。私が初心を絶対に忘れないということを決意できたのは、二十九歳の時です。ですから二十九歳になるまでは、初心を忘れたりすることも多かったのです。ただ、そういう初心を忘れた自分の人生というのは、非常に下らなくて駄目だったということを自分なりに悟ったのです。

二十九歳の時点で、少なくとも自分なりにやり甲斐がある、価値があったということをまとめると、全部初心を貫いたことしかないのです。だからこれも敗れながら初心をまた忘れ、弱い自分と対面しながら、下らない自己に泣きながら、会得するしかありません。ただ、どのような人でも、初心の中には、その人の持っている最も美しいものが現れているというのは確かです。その人の命の最大の価値です。それが初心に出ていない人は、見たことがありません。でも皆すぐに忘れてしまいますね。

これは病気をしたときに気付くことが多いです。病気をすると、却って初心が生まれることもある。大病をした人は、いままでの人生で重きを置いていた価値が間違っていて、本当の価値は何だったのかと改めて考えることで気が付く人は多いです。ただ、退院するとその初心は二、三日ももちませんね。退院した後でももち続けられる人が、例えば文学者であれば偉大な文学が書けるようになるのです。命の尊厳が分かるようになるのです。とはいえ、初心の段階では皆、分かっているのです。

命とはどういうものなのか。生きるとはどういうことなのか。命に係わる大病をしただけで分かります。ただ、それを苦しみ続ける人がいない。苦しみ続けるとは、考え続けることです。どこかの時点で自分がこれからそう生きようと思うしかない。人によってきっかけは違うと思います。だから今日を機会に、と何度も言っているのです。いずれどこかでやらなければ駄目なのですから。

大体は、私のような他人が介在した方がやりやすいです。執行があいう講演でこう言っていたと、そういう記憶と共に一緒に覚えた方がやりやすいのです。私の場合は、他人というよりも読んだ本によって行なえるようになったのですが、どこでどういう経緯で読んだのかは、内容も含めすべて覚えています。こういう信条を持ったのは、何歳の時に何の本を読んでどう思ったからだとか、そういう風に覚えておくと、自分の人生で実践しやすいのです。

——執行先生、どうもありがとうございました。

5

人間力に迫る

「非日常」という勇気

執行　人間というのは、それぞれの関係性の中で生きることを良しとしています。これを社会といい、日常性というのです。だから、この日常性、あるいは社会は、嫌な言葉でいうと「気を使う」、良い言葉でいえば「礼儀」ということになる。ところが、何か物事をやるというのは「非日常」なのです。非日常というのは、日常の世界からまず自分が出なければならない。これが勇気のいることなのです。この世では、すべてのことは勇気のなせる業です。これが私のまず初めに言いたいことです。

人間の命の中で一番重要なものは、勇気だということです。私は二十歳の頃に、小林秀雄さんと縁があって、いろいろと文学論をさせてもらったことがあるのですが、小林秀雄さんが、本には書いていないようですが、言っていた言葉があります。当時、小林秀雄さんは日本の知性の最高峰にいると言われていた方ですが、その人が「知性は勇気のしもべである」と言ったのです。私はこの言葉が忘れられない。日本で一番知性があると言われている人が、「知性などというものは勇気のしもべなんだ」と言うのですから。

だから私は、今でも覚えている。小林秀雄さんにその言葉を聞いて感動し、自分の人生観の柱に置いて、それから五十年以上が経つ。もう、ずっとそれで生きているのです。だから私は人間にとって一番重要なものは、勇気だと考えているのです。そこに人間のもつ誠があるとも思っているのです。

――小林秀雄の言葉はすごいですね。

執行 私はそう思う。ですから、ものすごく鮮明に記憶しています。私は小林秀雄さんが大好きなので、どこかに書いているかなと思って、何度も全集を読み返したのだけれど、本には書いていないようです。しかし、私はそれをじかに聞いている。

――小林秀雄は何か信念のようなものがありますね。

執行 それはもう、すごい。私は偶然、ものすごく文学が好きで、若い頃から死ぬほど文学を読んできた人間です。そういう縁で、文学者を中心に、けっこうかわいがってもらって、知り合いになった人も多いのです。昔の偉い人、頭がいい人の知性はすごいものがあった。

私の感覚では、自分が三十代のときの前半ぐらいを境にして、日本社会から小林秀雄クラスの人間は突然いなくなった。私は三十三歳のときに独立して会社をつくり、それ以後も、割と社会的な地位がある人にもたくさん会ったのですが、みんな肩書があって地位があるだけです。実際に会ってみると、人間的に魅力がある人は少ない。

――ちょうど一九八〇年代。これからバブルに入っていくという、そのときですね。

執行 あの頃、私がまだ若者だった頃に、六十歳、七十歳の人は、小林秀雄、村松剛《むらまつたけし》*、それから特別に親しくさせて頂いた森有正《もりありまさ》*というような人たちでした。特別の有名人では、三島由紀夫もいましたが、私は文学好きだったので、そういう人にみんな知り合ったわけです。そして大いに文学論をした。

――森先生にも会っておられるのですね。

執行　森有正さんとは、とても親しくさせて頂きました。森有正さんが日本に帰ってくるときに、国際基督教大学の教授になる予定だったので、その準備を手伝っていたところで、パリで急死され、帰ってこられなくなった。森有正さんにはすごくかわいがってもらい、諏訪に一緒に旅行したこともありました。その思い出は、エッセーに書いています。

その頃の人は、小林秀雄さんだけではなく、森有正さんも全部そうなのですが、もともとその人たちの本を読んでいて尊敬をしており、それで何かの機会で会えば、本当に共感が起きるのです。すべての人が、書いてあることより生身のほうがより大きくてすごい人たちでした。

――なるほど、書いているものよりすごい。

執行　昔の人は、本に書いてあることよりも会ったほうが、迫力があり、人格があり、魅力がある。それは私が三十三歳まで（現在七十四歳なので、今から四十年前まで）のことです。

三十三歳で、私は無一文から事業を始めました。ちょうど子供が生まれて、女房が死んで、すぐに独立した。子供を背負ってミルクをやりながら一人で始めたのです。会社をつくってしばらくはもう、いろいろな人と会ったりしている暇もなかった。五年から十年以上ぐらいはずっと夢中で商売をやって、会社も何とかなってきて、またいろいろな人と会えるようになった。それで、四十歳から五十歳ぐらいになって、割と社会的な地位のある人に会うと、何の魅力もない。最初は私が歳を取ったのかなと思っていたけれども、どうも科学的に分析していっても、本当に魅力がない。

——要するに、一九八〇年代以前は魅力的な人がいっぱいいいたけれども、一九九〇年になった辺りには、もう……。

執行　そんな人は、もう、いないのです。でも、社会的地位は、ある人はいる。悪いけれども、総理大臣にしても、どこかの大会社の社長にしても駄目。うちは親父が三井物産だったので、三井物産のお偉方は、若い頃からうちにも遊びに来たりして知っているわけです。私が中高生だった頃の三井物産の部長以上の人は、子供が見ても「すごい人だな」とやはり思ったものです。だから地位があるだけじゃない。中身があった。つまりその人間だけがもつ誠というようなものですね。

みんな正直に生きていた

——執行先生が感じるその魅力とかすごさというのは、端的にはどういう辺りですか。

執行　やっぱり誠の質量と言いますか、人間力ですね。それは言葉にはならない迫力です。これは子供でも、すごい人に会うと感じ取れる。

――体全体で感じますよね。

執行　だから三井物産の親父の同僚などといった人も、家に遊びに来ても、やっぱりああいう一流企業の部課長以上くらいになると、子供心にも大したものだなと思うのです。ところが三十三歳を超えてから、悪いけど三井・三菱だろうと、どこだろうと、社長クラスの人に会っても「何だ、これ」です。話はゴルフと、食べ物と、健康と、海外旅行の話です。「何なんだろうか？」という感じですね。文学もない、哲学もない、ましてや武士道なんてお呼びじゃない。思想もない。

言いたいことは、だから私が三十代半ばまでは、やはり偉くなる人は、サラリーマンだろうと、実業家だろうと、官僚だろうと、学者だろうと、みんな「自分だけの何か」を持っていたわけです。つまり誠です。その一つに武士道のようなものもあります。何か「俺はこう生きる」みたいなものですね。そういうのは若者から見ても魅力でしょう。やっぱりすごいなと思う。

これは偉い人だけじゃなくて、実は職人など、みんなにあったのです。魚屋だろうが、八百屋だろうが、魅力がある人がいくらでもいた。そして、魚屋は魚屋に命を懸けている。

――なるほど。職人として一流だっていうことですね。

執行　要は、仕事に命を懸けている。そうすると、子供から見てもかっこいい。それは、私が中学校とかそのくらいまで高度成長の前までです。その頃は職人だろうが店屋だろうが、何か魅力があった。頭一つ抜く、一頭地を抜くといいますが、頭一つ人よりも出ている人は、職人でもみんな魅力がありましたよね。

普通の生き方では、人より良くはなれなかった。当たり前の店がたくさんある中で、「あの店はすごい」という噂があるような魚屋とかすし屋などは、もう全部、オヤジさんが面白い。

――いい日本人がいっぱいいいたわけですよね。

執行　いたということだけではなく、これが特別の人ではないということです。

――それはやはり山本周五郎*とか藤沢周平*の世界が、そこら中にあったということですね。

執行　そうです。あの人情は、だから本当だったってことです。もう、そのものずばりだ。だから、偉い人と先ほどいいましたが、あれは少し言葉が違っていて、肩書とかそれだけではないのです。職人だろうが何だろうが、面白い人はいくらでもいる。くだらないやつもいました。全部を褒めているのではなく、一頭地を抜いた人は、ということです。だから魚屋なら、おいしくて有名な魚屋とかね。

うちは割といい家で、金持ちのほうだったので、うちのおふくろなどが買い物に行くと、私などは子供のときに付いていったわけだけれども、いいうちの奥さんだから持ち上げられるわけです。「奥さん、今日はね、すごくいいところがあるよ。今日のマグロの赤身はこうで、どこで獲れたもので」などとやる。

うちはすぐ「じゃあ、それちょうだいよ」といって、もらって食べる。ところが、小さい頃のことでも覚えているのですが、近所の人で刺し身をあまり食べないような奥さんも、それを見ていて、「今日のそれ、おいしそうだわね。それちょうだいよ」と横からいうわけです。そうしたらそのオヤジが、「うるせえんだ、このやろう、刺し身なんていうのは、おめえみてえな貧乏人の食うもんじゃねえ」などというのです。

今なら手錠が掛かるぐらいの言い方ですよ。しかし、そういうことが言える生き方は、私は本物だと思う。それだけ自分がつくっている刺し身に、誇りを持っている。だから、普段からいいものを食べている人に食べてもらいたいという思いがあるのです。

——分かる人に分かってほしいということですね。それを正直に言えると。

執行　そう。これは子供でも驚きますけどね。子供の頃は、それは、ひどいことを言うオヤジだなと思う。でも大人になってみると、やはり私は人間の生き方は、誇りを持っていれば、そうなると思う。だから今みたいに、きれいごとだけ言っている人間は、結局、腑抜《ふぬ》けになってしまうのです。私はそう思います。

私が三十代くらいまでというのは、とにかくそういう感じでした。小林秀雄さんだって、すごく口の悪い人だった。森有正さんもそうだし、みんなそう。今より正直なのです。

よもやま話が面白い

——エピソードとして、先ほど小林秀雄さんが「知性は勇気のしもべである」とおっしゃったお話がありましたが、例えばほかの方で、執行先生が本で感動して会いに行ったときに、お会いになって魅力を感じられた例はいかがでしょうか。

執行　例えば村松剛さんですね。本で知っている村松剛というのは、やはり非常に愛国的で厳しい人間だと思っていました。私は本を全部読んでいたのですが、本ではそう思うわけです。ところが会うと、何か言葉は少し変なのですが、ものすごく下世話なことを全部知っているのです。これも昔の人のすごさなのですが。

私が感動したのは、あの人は、ものすごく身内や親族を大切にしている。昔だから大家族で、親戚がすごく多くて、親戚のいろいろな人の話がすぐに出る。親戚の誰が、どうしたかという話です。例えば姪っ子の子供とか、甥っ子の甥とか、もう遠縁ですよね。そういう人たちの話がすごく出て、そういう人たちのことを何でも知っているのです。それで、いつも心配して、心に掛けているわけです。みんな自分の身内としてね。あの人、大秀才じゃないですか。

――大秀才ですね。

執行　大秀才なのです。顔もそうです。私などは、きっと線が細くて、厳しい人なのだろうなと思って会ってみたら、ものすごく、下世話というとちょっと言葉が悪いのですが、世情に長けていて、日常生活を大切にしている。普通の人が今はもう見たこともないほど、家族とか親戚とか友達とか、もういろいろな人の下世話な噂にも通暁しているわけです。

誰がどこでどういう失敗してどうだった、ああだった、こうだったとか、そういう話をしてくれるのですが、それを村松剛さんがやるとすごく新鮮なのです。

——新鮮なんですね。

執行　下世話な話が新鮮だっていうのは、私はあの人だけです。私ははっきり言うと、世間話って大嫌いなのです。ところが世間話がものすごくおもしろかった「すごい人」が、あの村松剛さんなのです。

——面白いなあ。

執行　面白いんですよ。

——妹さん、女優さんですよね。

執行　そう、村松英子《むらまつえいこ》*さんですね。三島由紀夫の戯曲は、ほとんど村松さんが初演をされていますね。大女優で、かつ突き抜けた教養人です。村松英子さんとは三年程前から親しく付き合わせて頂いていますが、八十五歳の今日もぴんぴんしてすごい若さですね。英子さんも剛さんと同じくなんでも知っているという感じです。親兄弟なら誰だって分かるでしょうが、本当に遠縁の、自分にちょっとした縁のある人のことを、みんな覚えていて、誰のことでも覚えている。すごいことだと思いました。村松剛さんも、あれだけの学者で、あれだけの志を持って、いろいろな社会活動をされていた人が、自分の家族関係の人をあれだけ分かっているという人は、いまだかつて一人も会ったことがない。私が、昔の大家族の家長をやっている人のすごさというものを見た最後の人が、村松剛さんなのです。

――なるほど、面白いな。

昔の女性には頭が上がらない

――三島由紀夫にもお会いになっていますね。

執行　三島由紀夫さんには中学校三年生で会って、高校三年の最後まで毎年二～三回会って、文学論をさせてもらったのです。

――先ほどいわれたように、やはりある年代、ご自身が三十歳すぎまでのときは、面白い人間が市井にもいたし、有名な人にも、有名ではない人にもいっぱいいいたわけですね。

執行　いっぱいいいました。これは偉いとかそういうことではなく。

――これがやはり日本の社会の強さなのですね、本来は。

執行　そうです。だから、最近は日本を憂えるなどというものではなくて、日本は終わっていますよ。偉いとか偉くないではなくて、子供が見ても魅力がある人がいない。その「魅力」とは、私は声を大にして言っていますが、今の人が大切にしている「優しい」とか「良い」などという問題ではありません。要は「人間としての迫力」です。その人が生命の奥深くに宿している誠の力ですよ。

女性も、今、女性解放とか何とか言っていますが、昔の女のほうが全然すごい。昔の、世間話をしているようなおかみさんのすごさなんて、今、あれほど強い女性はいないですよ。女性は、昔のほうがずっと強かった。ただ役割分担で、社会的なものには口を出さないということはありましたが、これは別に、女性蔑視や差別という問題とは違って、役割が違うということですからね。

私は昔の女性のほうが全然強いと思う。うちのおふくろもそうだし、うちのおばあちゃんもそうだった。すごく強い。だから、今のマイホーム主義とは違った意味で、私などは、おふくろとおばあちゃんの世代だと頭が上がりません。

——それは男も女もしっかりしていたわけですね。いわれたら、それで終わりです。

執行　日本にそれだけの人材がいて、その人たちが日本を支えていた。お互いに支えあう関係ですから。

——かつ、お母さんが強くてしっかりしていると、子供もしっかりしますね。

執行　しっかりしていないと、ひっぱたかれるし、怒鳴られるし。

——両方ともいなくなっているわけですね。

執行　今はもう全然いないですね。

——合わせ鏡ですからね。

執行　うちのおふくろも、昔のタイプなので、今とは全然違います。やはり、今流のきれいごとか、みんなが喜ぶようなことを口に出したことは、ありません。親父も、もちろんない。私ぐらいの世代の親というと、もう生きていれば百歳を超えますが。

だから要するに、やっぱりあれは勇気なのです。私はあれは勇気だって分かります。そして誠があるのです。誠から出る本音というのは、良いか悪いか関係ないわけですからね。

私は自分の人生を見ても分かるのですが、本音でいこうとすれば、絶対に人にも嫌われ、損害も受けるのです。自分がそれに甘んじて、良しとしているわけです。だから私は、軽く言えば、全部勇気だと思う。誠から出る勇気。

今、こうしてしゃべれるのも、軽い意味でその勇気です。これを録画・録音されて、出るところに出たら大変なことになることもある。そんなことは分かっているのです。私の知り合いが、もし私のことを逆恨みして、週刊誌へ売り込んで、どこかを切り取って報じられたらね。だってテレビなどでも、全部、前後を切っているじゃないですか。

そんなことを恐れたら、何にもしゃべれない。それが出来るのは、やはり誠に支えられた勇気ですよね。

――勇気ですよね。

執行　これは勇気だと思うのです。私はもう、いざというときには覚悟を決めています。だから出来るのです。問題になっても、「すみませんでした、確かにいいました」という感じですね。

――でも、そういう人がいた、難しくいえば矜持のある人がいっぱいいた社会というのは、強かったわけですね。

執行　そうですよ。

餓鬼道を推進する現代

――経済成長とか効率性とか、そんなことばっかり言っているうちに、駄目になっていったのですね。

執行 そこなんです。その経済と効率です。要は成功したい幸福になりたいのです。私が六十年以上、哲学的に悩んで結論づけているのは、日本人は「成功病」「幸福病」なのです。経済成長したい、成功したい、幸福になりたいということです。

だから、私が本に書いているのは、とにかく「不幸になってもいい」と思う人生観をみんなが取り入れないと、日本人は立ち直れないということです。みんな失敗しろ、しくじれ、人生は捨てろ、不幸を厭うな、ということを全部に言っているのです。そのくらいに思わないと、現代の病気は治らない。

すべて「成功したい」「幸福になりたい」ということから出ている間違いが、私は戦後の間違いだと思っているのです。よくよく聖書やお経などを読むと、例えばキリストのような宗教家が言っていたことは、全部「自我を捨てろ」ということです。自我は、本当はなければ駄目なものです。それでも、キリストも釈迦も捨てろと言う。

私も随分悩みました。私も自我が強い人間ですから。私は武士道が好きなので、自我で「俺はこう生きる」というので生きようとしている。それなのに私は非常に昔から宗教家には感応するものがあるわけです。

それで、宗教も好きだから、宗教の本をたくさん読んでいくと、キリストも釈迦もみんな「自我を捨てろ」と言う。「ふざけるんじゃない」と思って、ずっと精神的に対決してきました。法然や日蓮にもそうです。それで大人になり、四十歳とか五十歳になって思ったことは、「自我を捨てろ」とは、要は「自分の幸福」「自分が幸福になりたい」ということを捨てろといっているのだ、ということです。そう、自分なりに肚に落ちたわけです。

そのとき気が付いたのは、幸福というのは、「他人に対して願い、祈る」概念なのです。だから、考えてみたら「自分が幸福になりたい」というのは、一番戒められていたエゴイズムなのです。「エゴイズム」というと言葉が悪いので、駄目だということは分かる。しかし、これが「幸福」という名に代わると悪い概念ではないので、戦後の日本人はみんなそれに飲み込まれてしまったのだと思うのです。

でもその実態を見たら、要はエゴイズムなのです。仏教でいうと「我利我利亡者《がりがりもうじゃ》」。餓鬼道《がきどう》や修羅道《しゅらどう》などに堕ちた人間を、「我利我利亡者」といいますね。今の日本人は、私はみんな我利我利亡者だと思う。

名前はいいませんが、ある有名な人がメディアに出て、「生きている間は、みんな好きなことをしなければ駄目ですよ」「楽しまなければ駄目だ」「うまいものを食べなければ駄目だ」などということを話していました。私も、うまいものは好きです。しかし、うまいものを食べたら「ああ、良かったな」とは思いますが、それを求める心は、私は餓鬼道だと思う。「うまいものを食べたい、食べたい」とばかり思っているようなものは駄目だ。

そういう意味では、もう今、テレビは全部、餓鬼道です。そして、餓鬼道を奨励している人が人気もあり、認められてもいますね。名前はいいませんが。

「親と同じ」が普通だった

――「日本人は、今や我利我利亡者だ」「餓鬼道だ」という言葉は、とても印象に残ります。分かりやすいです。

執行 我利我利亡者ですよ、全員。経済成長政策で「豊かになりたい」ということは、私も分かります。しかし、無限成長を目指すのはおかしい。無限成長なんて、我利我利亡者に決まっているではないですか。成長なら、「どこまで」ということがなければいけない。私は戦後の失敗は、それがなかったことだと思っています。「ＧＤＰも、ここまでいけば満足しましょう」というのが、私は成長だと思う。給料なら、「いくらもらったら満足するか」を決めることが、私は豊かさだと思う。

私は、何でこんなことを、大きな顔して言えるかというと、自分が決めているからです。社員も家族もみんな知っているので大手を振って言うのですが、私は自分の収入は、例えば「ここからもらったら、あとはもらわない」などと、全部決めています。私は、それが豊かさだと思っているのです。

なぜなら、誰もが言うように、収入なんて際限がありません。際限がないものに突入する人間のことを、「餓鬼道に堕ちた」というわけです。「餓鬼道」というのは、ちょっとした仏教用語です。今の人は、忘れてしまっていますけれども。そして、餓鬼道に堕ちた人間のことを「我利我利亡者」と言う。今、そんなことも知らないですよね、みんな。

――知らないですね。

執行　知らないですよ。私が子供の頃までは、おばあちゃんなどに言われました。例えばお菓子でも、決められたもの以上に一つでも取ったら、「お前は我利我利亡者か」「我利我利亡者になるぞ」と言われたのです。

――だからそういう意味では、執行先生には昔の日本が残っているのです。

執行　そうです。ただ、「昔の日本」と言ってしまったら、私は駄目なのだと思うのです。これは「昔」ではなくて、「当たり前」なのです。人間として生きるための「当たり前の考え」ではないでしょうか。私は、当たり前のことを言っているのです。「変わっている」などと、よく言われますが、冗談じゃありません。戦後人に対しては、「変わっているのはお前たちだ」と言っています。

だいたい無限経済成長なんかを「良い」と思っているのはみな変人ですよ。どのくらいの豊かさかを決めるほうが、普通なのです。昔から人間みんなそうですから。昔の人は、みんなそうでした。「自分はどの程度まで」と決めているのです。能力は決まりませんが、生活レベルは決めていた。

例えば私が一番聞いていて多かったのは、昔は、「親と同じ程度」というのが一番多かった。今は聞いたことないですが、私が大学生まではそうです。みんな、文学仲間とか、勉強の出来る仲間でしたが、自分の人生は、能力は無限だけれども、物質に関しては自分が育った親程度の生活でいいと、みんないっていました。

私もそうです。うちは割と豊かな家でしたが、しかしもちろん、「この程度」という感覚があった。親以上になろうなどと思ったことがない。それが割と普通でした。もちろん、違う人もいました。みんな忘れていますが、違う人は確かにいた。私も覚えています。こういう人間を、「育ちが悪い」といったのです。

我利我利亡者で、物欲しげに何かいつもやっているような人間は「育ちが悪い」と言われて、友達だったらつきあっても親から怒られた。しかし私は、今、常識はむしろそちらになってしまっていると思う。結局、みんなが言っているのは、「給料も高いほどいい」「食べ物はたくさん食べるほどいい」「おいしいものほどいい」。

このようなことを言えるということは、昔なら我利我利亡者です。みんな今の人は忘れてしまいましたが、昔の言葉で、「お里が知れる」とも言いました。だって私のうちは中流家庭で、一流企業のサラリーマンの家庭でしたが、中学生まで食べ物のほうを見ただけで、親父から怒られましたからね。「食べ物なんか物欲しげに見るな、卑しいぞ」と。

昔は、そう言われました。日本人はそうです。食べ物のほうを見ていただけで怒られる。

——物欲しげに見えるというのは、分かりやすいですね。そのとおりですね。

執行　そうすると卑しく思われる、育ちが悪く思われるから、ということです。今は卑しいほうが、主流になってしまったと思う。

心を豊かにする産業

——執行先生がおっしゃっているのは、今の経済思想のまるっきり逆ですね。
執行　逆かな、私は。
——以前、「今、松下幸之助が生きていたら、『貧困を通しての幸福と繁栄』という」と、おっしゃっていましたね。
執行　私は松下幸之助なら、そう言うと思っています。
——確かにそうだなと思います。
執行　だって松下幸之助が唱えているのは、「豊かさ」ですから。「何が豊かか」ということなのです。戦後は、「モノ」です。戦後、昭和二十一年に「精神」なんて言ったら、ひっぱたかれるでしょう。だってみんな餓死しているのですから。今は逆です。それぐらい、分からなければ駄目です。今、松下幸之助みたいな天才が生きていれば、「物質、物質」「便利、便利」なんて、言うわけがない。

私はもちろんビジネス的には松下幸之助ほどの天才ではないから思いつきませんが、松下幸之助なら、今はもっと、「心を豊かにする」すごい産業を思いついたと思います。そこが天才たるところです。そうしたビジネスの真似は出来ませんが、それでも松下幸之助がどういう人かは、分かっていないと駄目なのです。

――そうでしょうね。今なら心を豊かにする産業をやりますよね。

執行　そうです、絶対に。その時代に何が足りないのかを分かっている人が、大実業家です。

――確かにそのとおりです。

執行　あの頃の日本なら、松下が電器製品を選ぶのは決まっています。電化に向かう時代ですから。

――大衆家電が王様だったわけですよね。だけど今の状況を見たら、やはり松下幸之助はまったく違うことを考えますよね。

執行　もちろんです。あれほどの天才が考えることは私も分かりませんが、違うことを考えたことだけは、分かります。

——豊かさは、ある程度は必要ですが、際限を設けることが大事なところですよね。

執行　その点は、私は声を大にして言っています。「自分の収入には頭を打て」と。際限がないのですから。仏教用語を使うと、際限がないことを「無間《むげん》地獄」といいます。「無間地獄に、みんな堕ちるぞ」と言っているのです。

自分の収入も、どういう収入を得るかを「必ず決めろ」ということです。私がある程度成功した例でいうと、正規で勤めている会社、あるいは経営している会社の給料以外は一円ももらわないことを二十三歳のときに決めたことが挙げられます。これは私の人生の一番よかった決断の一つだと思っています。お金をもらおうという思想がないから、どんなことでも自由にやれるのです。

——自由になりますね。

執行　何でも出来るのです、逆に。

——それは大きいですよね、そう決めてしまうと。

執行　だから自分の正規の給料だけをもらうと決めました。あとは人間としての務めで親が死んだとき、親の遺産はもらう。自分の生涯の収入は、それだけと決めたのです。だから、あとはもう楽です。

——解放されますよね。

執行　欲から解放されるのです。私も人間だから、いくらでも稼いでいいとなれば、いろいろな迷いが出ると思います、たぶん。今の時代、誘惑ばかりですから。「ああやるといいですよ」「こうやるといいですよ」というような。私は何を聞いても、やる気がありません。宝くじも、当たってももらわないから買いません。期待していませんから、面白いのです。

――金融資本主義に惑わされないと、そうとう自由になれるし、豊かになれますよね。株が上がろうが、何がどうなろうと全然関係ない。それよりも時間のほうが、よほど大事ですね。預金通帳を見ていて幸せになれるぐらいなら、こんな簡単なことはありません。それがなれないから、歴史が要るし、哲学が要るし、文学が要るわけです。

執行　そう。私がこれだけいろいろな本を読み、自分の思想をいろいろな方面に、どんどん固めてこられたのは、要は、生活とか、自分の成功や幸福といったことを考えないからです。それは、もう全部、任せていますから。私は駄目になったことがないから分かりませんが、自分が食べられればいいのです。人間というのは、料理でさえ、一定量以上は食べられませんから。なぜみんな、お金のことなんか気にするのだろうと、今でも思っています。

「成長の上限」があれば……

――カネのカルマから解放されると自由になれますし、「効率、効率」ばかり言って、「その先に何があるの？」というのが、今の煮詰まっている状況ですよね。

執行　だから今の日本社会は無間地獄なのです。根本にあるのは、無限高度経済成長政策です。これは豊かさとかそういう問題ではなく、無間地獄だと分からないと駄目です。

――そこが、一番大きい今の「絵解き」ですね。相変わらず「GDPを膨らませましょう」「GDPが六百兆円になったら幸せになれます」と言っています。しかも世の中が高齢化して構造が変わってきているときに、無茶苦茶なことをやっている。それで財政政策が駄目だったら、金融政策までを使う。

執行　全部駄目なんです。

――そのつけが最後に全部回ってきて、ご破算になってしまう。それをどうするかが大事で、そこには哲学が必要です。

執行　まず無間地獄だと、分からないと駄目です。

――しかし、我利我利亡者になって無間地獄に行き、やってもやっても幸せにならない方向に、ひたすら頑張っている。

執行　今はずっとそうです。

――だから結果的に、不幸せな人の率が、どんどん増えているわけですね。

執行　そうでしょうね。経済成長で許される限度というと、やはり国民が普通に働けば食べられる程度です。つまり人間的な生活の実現のために、やらなければ駄目なのです。

戦後の失敗は、ひと言でいうと政策の失敗ではなく、上限を打たなかったからです。これはアメリカも全部そうです。物事は上限を打たなければ駄目に決まっています。このことが経済の話になると、みんな分からないのです。あんなに頭のいい人たちが、なぜ、分からないのだろうと思います。

たとえばケインズ*ぐらいの経済学者が、何かの経済学書にそれを書いておいてくれればよかったのです。どうせ日本人は、ケインズなど権威者の言ったことは聞くでしょうから。

けれども多くの経済学書に書いてあるのは「無限成長」です。だからみんな無責任なのです。「落とし所」を言わずに、人に何かをいうのは無責任です。「頑張れ」などというのもそうでしょう。しかし、経済に関してだけは、みんな無責任だと思わないから不思議です。頑張るなら、どこまで頑張って、どこまで頑張ったなら、ひと休みしてもいいよと。

——やはり「物心一如」ですから、物だけ追求していけば、バランスが崩れておかしくなりますよね。それでバランスが崩れて、一回バブルが崩壊しました。また同じようなことをやり、リーマンショックが来て、また崩壊した。また財政出動して、さらにそれで足らなかったら、今度は金融緩和だと国債を刷りまくる。それをひたすら日銀が買う。

執行　今はもう全部ごまかしです。

——我利我利亡者の道、一直線ですね。

執行　我利我利亡者ももう過ぎて、だから地獄にいます。

——そうでしょうね。

西洋も死んでいる

――最後は、落ちるまで気付かないということですね。

執行 それは、そうでしょうね。落ちても気が付かないですよ。もう、今の日本は大重症です。落ちて気が付くのは、ちょっと前までです。私は日本の病根は、もっともっと深いと思っています。

落ちたら気が付くためには、自己認識力が残っていなければ駄目です。今の日本人は自己認識力がなくなっていると私は思っています。今の若い人を見ると、生活や国のあり方などに、けっこう満足しています。この状態で満足しているということは、自己認識力が崩壊したのだと思うのです。したがって駄目になっても分かりません。

――なるほど、崩壊していると駄目になっても分からない。

執行 私はそう思っています。だから、これからもっと貧しくなっても「まあ、しようがないんじゃないの」と、日本国民は言うと思っています。

――貧しくなっても、分からない。

執行 「私は大丈夫」と思っている。大丈夫というとおかしいですが、「気が付かない」、「社会とは、こうなんだ」と思ってしまう。そういう段階に来ています。

――確かに、二十代の若者で現状に満足している人の割合は八割だと、経済同友会代表幹事だった小林喜光*さんが、二〇一九年一月三十日の『朝日新聞』インタビューで嘆いておられます（※記事引用：「内閣府の、二〇一八年六月の調査でも七十四・七％の国民が今に満足していると答えています。十八〜二十九歳では八十三・二％ですよ。心地よい、ゆでガエル状態なんでしょう」）。

執行 人間というのは、生存に満足したら、それで終わりです。やはり向上心や枯渇感が必要です。これは良いとか悪いではなく、やはり革命が必要なのです。

ちょうど今読んでいる本に、ダグラス・マレー*というイギリスのジャーナリストが書いたものがあります。イギリスがどうして移民問題で駄目になったのかを書いています。『西洋の自死』という本ですが、ここに私が一番提唱している「人間から渇望感がなくなったから、経済や世界は駄目になる」ということが書いてあります。

その枯渇感の代表として私が挙げている書物が、ミゲール・デ・ウナムーノというスペインの哲学者の『生の悲劇的感情』です。それと日本の『葉隠』、武士道精神ですね。

簡単に言ってしまうと、ヨーロッパで、キリスト教の信仰がなくなってしまったことをウナムーノは悩み続けた。「自分という人間は何なのか」、キリスト教的な意味で「魂とは何か」で苦しみ続けた哲学者です。つまり枯渇感です。

私は小学生の頃から『葉隠』の武士道精神が大好きで、自分もそうやって生きようと思って生きているので、ウナムーノはキリスト教ですが、ウナムーノの生き方の中に私は武士道を感じたわけです。それは何かと言うと、人間としての向上を願う枯渇感であり、悩みであり、苦悩であり、苦痛であり、叫びです。

そしてダグラス・マレーの『西洋の自死』では、ウナムーノのいう「生の悲劇的感情」を失ったことが、イギリスの自滅を生んだといっています。だから移民を止めることも出来ない。何で止めることが出来ないかというと、「もう人間としての精神活動を失なったから」といっているのです。私はもとから、フランスもドイツもみんなそうだと言っています。移民を止められないのは、良いとか悪いではなく、「人間とは何か」、または一段落として「ドイツ人とは何か」「フランス人とは何か」「英国人とは何か」というアイデンティティーを失なったからです。そうでなければ、あんな移民問題などが起こるわけがないのです。

このようなことを書いたということは、これはイギリス人にとっての武士道精神なのです。武士道とは何かというと、「自分の命より大切なものが何か」ということです。自分の命より大切なものに、向かって生きる。出来るか出来ないかは関係ない。向かって生きることなのです。これが人間だと。

出来ない場合は、もちろん悩みます。でも悩むのが人生なのです。本当に素晴らしいものになろうと思って、なれないのが人間です。私も、もちろんなれない。なれないから、たぶん死ぬまで求めると思います。それが人間で、それが書いてあるのが『生の悲劇的感情』であり、日本の

『葉隠』なのです。

魂の定義

執行　日本の武士道や『葉隠』にある、男らしく生きようというあり方は、読んでいて、簡単に真似できるものではありません。今、私は七十四歳ですが、昔、自分の信念のために命懸けで死に飛び込み、自分の力だけで生きた武士たちの生きざまを見れば、もう男として情けない。でも、この情けない自分と対面しながら生きるのが、人生なのです。

「最後は違う面を見せるぞ」という決意は私にもありますが、まだ出来ません。しかし、「出来ない」という枯渇感が大事だと、マレーもいっています。イギリス人も、それを失なったということです。

実は移民問題とは、経済問題ではないということです。駄目な人は「経済がどうした」「移民がいると得をする」とか、つまらないことばかりいっていますが、そうではない。英国人として命よりも大切なものが何だったかを忘れてしまった、ということなのです。

――やはり渇望感は大切ですね。呻吟《しんぎん》して、渇望していく。

執行　だから「呻吟しろ」「不幸を厭《いと》うな」といっているのです。なぜなら、多くの人が今、呻吟することを「不幸」だと思っている。だから「不幸を厭うな」といっているのです。私は呻吟はしていますが、それを不幸だとは思っていません。でも普通の人には、やはり不幸を嫌わないように言わないと駄目なのです。

そういうことが魂の視点から書かれている『生の悲劇的感情』は、すごく面白いです。ウナムーノは、西洋の哲学者では私が一番、影響を受けた人でしょうね。

――おっしゃるとおりですね。我利我利亡者で、無間地獄に真っ逆さまに落ちるときに、本来は哲学や生き方の問題なのに、それを経済や金融の問題に替えようとするから、いくらやってもうまくいかない。

執行　これはもう全然駄目です。大事なのは、人間の魂の話に決まっている。では魂とは何か。これも哲学的には、もう全部決まっていることです。だから本当は考える必要はないのです。魂とは何か。私の好きなフランスのアラン*という哲学者は「魂とは、肉体を拒絶する何ものかである」といっています。これが私の一番好きな、魂の定義です。

つまり「肉体が嫌がること」が、魂ということです。つまり勇気にまつわるものです。一番分かりやすいのは戦争に行って鉄砲の弾が飛んできたときで、誰でも恐いわけです。肉体は恐いのです。肉体は怯えます。弾が飛んでくれば、それはそうです。そこで突撃させる精神が「魂」だと、フランスの偉大な哲学者アランは言っているのです。

――面白いですね。『幸福論』を書いたアランが言っているのですね。

執行　そう。これがアランの定義です。私が一番好きな定義なので、覚えているのです。「肉体を拒絶する何ものか」。これは小林秀雄の言葉「知性は勇気のしもべである」とも通底しています。要は「勇気」です。これが人間の根源で、自分の命よりも大切なものがあるのが人間、なければそれは動物だと昔の人はいっているのです。だって肉体というのは、動物学的には動物と何も変わらないのですから。

皆さんご存知のように、これからは科学の力で、人間の臓器を豚の体内で作れるようになります。人間の肉体と一番近いのは、豚なのです。チンパンジーではないところが、ちょっとガクッと来ますが、豚の体内で人間の臓器が作れるのです。でも、われわれは豚ではありません。豚と何が違うかというと、アランなどがいう「魂の有無」です。この魂こそが最も重要だと言っているのが、ウナムーノです。それを捨てたのが英国だと、マレーも言っているのです。

だから移民問題というのは、英国人が英国人の魂を捨てたという問題で、経済問題ではないのです。それを経済問題でごまかしているのが、政治家なのです。マレーの本には、移民に対し何の手も施さなかった英国の政治家の失策が、ずっと書いてあります。

「完全な失敗」はない

執行　簡単に言えば、日本の政治家も、何でも経済問題にして、ごまかしています。たとえば原発問題一つとってもそうで、原子力発電の問題は「命」の問題です。経済問題ではありません。

それを経済問題にするから、分からなくなるのです。原子力や公害の問題は、人間の生存の問題です。それを「経済的に考えれば、原子力のほうが公害が出ないし、生産性もいい」といった違う話になってしまう。要は、全部ごまかしです。

——そう考えると、分かりやすいですよね。要するに「先行投資した五十兆円をどうするか」という話に置き換えているだけです。

執行 それはもう、捨てるしかないのです。会社と一緒です。失敗にこだわる人が、会社を潰すのです。人間というのは失敗の連続です。失敗したら、金は捨てるしかないのが当たり前です。私は、ずいぶん捨てました。どぶに捨てるのです。それも勇気です。

うちの会社もやったことが、うまくいかず深みにはまったことが何度かあります。私はそのときも、小林秀雄の言葉（「知性は勇気のしもべである」）を思い出しました。やはり労力とお金をかけたものは、捨てるのがつらいです。でも私はきれいさっぱり、ほんのちょっとの文句もいわないで全部捨てました。

——損切りは大事ですよね。運気の変換になりますよね。

執行 私も経験しましたが、人のことをあれこれ言うのは楽ですが、自分が損害を被ると、そうもいきません。むしろ「損」と分かっていれば、切れるのです。まだ「損する」と決まっていないから問題で、「もしかしたら、立ち直るかもしれない」「もしかしたら、もう一回、うまくいくようになるかもしれない」、そういう欲があります。それを全部ただで捨てるのは、なかなかできないのです。
でも捨てたあとに、はっきり分かるのは、あのとき捨てなければうちの会社は立ち往生してしまって、今のところより先には行けなかった。失敗しているものを持っているのは、お荷物ですから。持っていればたぶん、なにがしかのお金にはなったかもしれません。でも捨てたら、もっと大きな事業の幸運が入ってくる。

――しようもないものを持っていると、その分、精神的な時間も取られますからね。それがパッと消えたら、その分の空間が出来ます。そのようにしてやったほうが早いですね。

執行　そうです。でも言うのは簡単ですが、やはりみんな自分のときは大変です。

――やはり三十代、四十代、五十代とやっていれば、必ず失敗は出てきます。

執行　事業をやっていたらね。分かると思いますが、「完全な失敗」はないのです。やはり世の中には何でも、ちょっとはいい目があります、少しは売れるとか。だから完全に捨てるというのは、なかなか出来ない。

――そうでしょうね。それがアダになりますよね。ずるずる行きますから。

執行　だから、ずるずるしている人の気持ちも分かるのです。でも、やはり勇気です。

――見切ると、次の舞台が開きますからね。必ずいいことが出てきます。

執行　私もある事業で失敗したものを捨てたら、次のもっと素晴らしいものが、新たに出てきました。それがまた素晴らしいもので、事業としてはすごくよくなりました。

――運気が悪いものを抱えていると、どんどんおかしくなりますから。やはりパサっと切ると、そこにまた違うものが入ってきます。その勘どころは、年代と失敗の回数とともに、だんだん分かってきますよね。私が一番悩んだのは、三十代ぐらいのときでした。

執行　最初は多いですからね。

――五十歳くらいになってくると、だいたいは慣れっこになります。運気の悪いものをつかんだり、運気の悪い人と一緒にやったりしたときは、やはりまとめて根こそぎ整理したほうが早い。

執行　そう。それで新しいものが入ってくるのです。これは順番があって、必ず悪いものを切ってからでないと、いいものは来ないのです。これはみんな人生観として覚えておいたほうがいいです。順番が大切なのです。

人生はバラ色ではない

執行　いまの日本人に一番言いたいのは、不幸の問題です。先ほど、昔の人はだいたい、自分の収入の頭を打っていたと言いましたが、「人生が幸福になれる」などと思っている人には、私の小学生までの記憶では、あまり会ったことがありません。人生はつらくて、不幸なものだと、だいたいの人が思っていました。「でも生きていれば、いいことがあるかもしれない」というだけなのです。

私が育つ段階で、親父とおふくろから受けたしつけも、「世の中はとにかく、一つも思いどおりにならない」ということです。人はみんな自分とは違っていて、だから自分とは意見も違う。「でも、そういう意見も、違う人から悪く思われないようにしろ」ということです。だから、いまみたいに「人生は素晴らしい」とか「面白い」とか「バラ色」だとかは、私自体も親から一回も言われたことがありません。よくよく考えると、私の世代までは全員そうです。人生というのは、つらいものだと言われて来たのです。

それから、もう一つ言われたのは、あの頃のことですから、人間が死ぬまで、「おまんま」をちゃんと食うこと自体が、大変だということです。成功とか出世とかではないのです。

いまはもう「人生は素晴らしい」といった話ばかりではないですか。私などは、親や近所の人や年上の人から、散々なことを言われて育ちましたが、そのわりに嫌なことは少ないので、人生というのは割に楽しいのです。これは、人生とはつらいものだと言われていたからだと思うのです。

逆に、今みたいに、いいことばかり子供の頃から言われていたら、ちょっと壁に当たると「こんなはずじゃない」と思ってしまうでしょう。だから今、精神をおかしくしてしまう人が多いのです。メンタルがどうとか言っている人が多いですが、私は一回も経験ありません。

――確かにそういう人は、ものすごく多いですね。

執行　メンタルが弱い人は、話しているとみんな、良く言われてきた人ばかりです。私は性格もあるでしょうが、一回も良く言われたことがない。先生からも、親からも。親からですら、一回もほめられたことがない。先生なんて、私の世代は殴られない日がなかったですから。

でも、あれが私はよかったと思います。いまはそういうのが全然ないから、いまの人はけっこうつらいと思います。

母親に最敬礼する総理大臣

――「もともと持っていた日本人のいい部分を復活させよう」「我利我利亡者になっていないのか、無間地獄になっていないか」「幸福ばかり追い求めるから、結果として不幸になる」「自分の上限を決めてしまうと、その中で『幸せ』だと感じる」「設定条件が低いことに問題がある」。そういうことをまとめて言ってくれるのは、めったにないという意味で、ありがたいと思います。


執行　日本人の一番いいところは、成功思想がないところでした。これは家族主義です。家族主義というのが、日本の一番いいところなのです。正しく出れば、ですが。

天皇制を中心にして、どんなに偉くなっても、もっと偉い人がいる。「トップに立つ」といった西洋的な偉さとは違います。天皇がいちばん分かりやすい。

昔の大家族というのは、私の父親や祖父の世代までそうでしたが、たとえば地方の素封家《そほうか》なら、地方から出てきて東大法学部を出て官僚になって、どんなに偉くなっても、地方に帰れば違うのです。家にはだいたい長男がいて、昔の場合だと長男はたいてい地方で師範学校を出て、学校の先生をしています。その、小学校の先生をしている長男に、誰も頭が上がらなかったわけです。これが日本の一番いいところなのです。どんなに頭がよくても、どんなに偉くても、もともと秩序があって、それを崩すことが出来ない。その代表が、天皇です。

これはもう戦前の人なら、誰でも言っていたことです。だから独裁者が出ない。家族もそうです。

家族主義の良いところが、日本の一番いいところだったのに、その家族主義の絶対的な秩序が駄目になってしまった。そして家族の深い愛情に基づくような、変な部分だけが残ってしまった。この愛情の部分だけが残ると、今度は、愛情が愛情ではなくなってしまって「ママゴン」や「甘え」になってしまったわけです。これが今のマイホーム(主義)でしょうか。日本人は家族主義の一番いいところを生かさなければ駄目です。

「大家族主義」が日本の一番いいところだということに、早くそれに気が付く必要があります。これは「家族主義」というより、「大家族主義」です。権威とか偉さは、つくり上げられるものではなく、所与としてあるということです。

今の人はこれを「つまらない」といいますが、これをつまらないという発想が、あのくだらない出世主義の西洋思想なのです。「早ければいい。強ければいい。偉くなったやつが偉い。金も持っているほどいい」。昔の日本は、お金を持っているかどうかは、何も人間の偉さには関係ありませんでした。私が子供の頃まではそうです。

だから社会的地位にしても、今いったように大家族主義だと、長男の前に行けば、どんなに社会的に偉くなっても次男、三男はペコペコだったわけですから。

これは戦後もまだ、田中角栄*の時代までは生きていました。田中角栄については好き嫌いも多い。しかし、皆さんもテレビで見たことがあると思うのですが、ちょうど、田中角栄のことをテレビで放送していたときに、新潟のお母さんから電話がかかってきたことがあります。

――田中フメさん、ですね。

執行 そう。お母さんから電話がかかってきたときに、あの田中角栄が直立不動で「気をつけ」をして、「最敬礼」でしゃべっている映像が映っていました。やはり、ああいう光景は感動します。そのとき総理大臣ですから。

あれが日本なのです。日本という国では、どんなに偉い人も、親には誰も逆らえないのです。

「誇り」が成長を呼ぶ

執行 これは自慢ではないですが、私にもいいところがあるとしたら、そこです。私は両親が二人とも死ぬまで、ただの一度も口答えしたことがありません。これは日本の一番いいところが、自分の中で生きていると思うのです。

それが、みんな自然にあったと思う。だいたい日本人というのは、勉強が出来て、まあまあ文学も読んでいて、まあまあの人たちは、みんな生活レベルは「親程度」しか望んでいませんでした。私もそうです。親の生活レベルより良くなりたいなんて、あまり思っていない。欲としてあるとしたら、「人間として成長したい」という欲です。だから今の「欲」とは違うのです。

以前にお話ししたイギリスの話もそうだったと思います。ウナムーノの『生の悲劇的感情』が述べているのは、魂的な枯渇感です。これを失ったから英国も終わりだというのですから、そういう意味では私は日本と同じだと思います。

――最近、色々な方にずっと聞いているのは、イートン校があって、ハーロー校があって、オックスフォード大学やケンブリッジ大学があって、そこからずっとエリートが出ていたと。でも最近のイギリスの政治家からは、キャメロン*とかオズボーン*とかボリス・ジョンソン*とか、なかなかいい人材が出ない。これは何がおかしくなったのか、その原因を聞いているのです。やっぱり今、執行社長が言われたように、ヴィクトリア朝のイギリス、明治日本が一番素晴らしかった。

執行　あれはもう、一番素晴らしい。

――ところが両方とも今壊れている。

執行　当時が、ちょうど具合が良かったのです。

――今の話には、いろいろな説明の仕方があります。オックスフォード大学とケンブリッジ大学は、もともと植民地経営をするため、収奪経済をつくるための学校だったとか。

執行　それは悪い側面ではありますが、誇りが成した行為であることは間違いありません。だから結果の悪いものだけを捉えてはいけない。ヨーロッパが植民地に走ったのは、もちろん良くない。けれど、あの精神も必要なのです。これを私は言っているのです。

ヴィクトリア朝が道徳的にも何も、一番素晴らしかったというのは分かっている。その素晴らしさを成しているのは何かというと、やはり自分たち英国人としての「誇り」でしょう。誇りは悪く出ると、ほかの人間の支配に行くこともあります。でも、そのような人の欠点を捉えても駄目なのです。

——あの時代には、「人間として成長したい」という思いがありました。つまり誠があったのです。

執行　そう、立派な人もたくさんいました。

——スマイルズ*の『自助論』が、あれだけ読まれたのですからね。今のイギリスと真逆ですね。でも同じ形のことが、日本に起きているという話ですよね。

執行　そうです。

「負い目」が人を向上させる

執行　最近読んだ本で、『メリトクラシー』というものがあります。英国人の社会学者、マイケル・ヤング*が書いた本です。この『メリトクラシー』に、ヴィクトリア朝がどうして素晴らしかったかが書いてありました。

私はそれを読んだとき、長年に亙って悩んでいたことがズドーンと肚に落ちました。これが今の日本人に一番足らないものなのです。「あの時代はすべての人が、社会的に負い目を持っていた」というのです。だから人間というのは、絶えず負い目がなければいけない。そうしたことが『メリトクラシー』に書いてあります。

「負い目」とはどういうことか。当時は貴族主義が衰えてきて、キリスト教信仰も衰えてきて、民主主義が台頭してきました。貧乏人もある程度、学校を出れば、金持ちにもなれる時代が、ちょうどヴィクトリア朝といわれる十九世紀です。

そして貴族は、「自分たちが貴族だ」ということに、負い目を持っていた。「こんな地位をタダでもらっていいのか」と。ところが十八世紀までは、貴族は貴族であることに、誰も負い目などありませんでした。そんなの当たり前のことで、自分が偉いのは当たり前だと思うのが貴族だったのです。

これも『メリトクラシー』の話ですが、一方で、キリスト教信仰も、確かに衰えてきた。しかし十九世紀にはまだ、キリスト教信仰が衰えたことに対して、イギリス人全員が罪の意識を持っていました。先祖や自分の親や祖父を見ると、すごいキリスト教信仰を持っていたが、それが自分たちにはない、と。

また、貧乏人は一生懸命努力して学校を出れば、ある程度偉くなれた。しかし当時のイギリスでは、今いった貴族のような存在がいて、家柄のいい人に対して強烈なコンプレックスを持っていたと言います。

そうやって見ていくと、貴族も貧乏人もコンプレックスを持っている。キリスト教の信仰がなくなったことに対しても多くの国民が罪の意識を持っている。要するに全国民がみんな心の枯渇感を持っていたのです。「人間として俺は駄目だ」「もっと良くならなきゃ駄目だ」という思いです。しかし人間は、そう思っている時のほうが、己の人間の中に「誠」が生きているのです。私は読んでいて、そう感じ続けていたのです。

――なるほど、枯渇感によって誠が生きてくる。

執行　この時代を『メリトクラシー』でマイケル・ヤングは、「イギリス人が一番活力を持っていた時代だ」と書いているのです。「活力を持っていた時代は、全員が負い目がある時代だ」ということに、私は脳天をかち割られたような感動を受けました。私はこのことを今いろいろなところでしゃべっています。私がずっと疑問に思っていたことですから。

戦後の日本は、みんなから負い目を「取る」ことばかりやりました。「そんなに負い目に思うことないんだよ」「大丈夫なんだから」などです。これが、どんどん人間から誇りとか、やる気とか、人間として向上するための枯渇感を奪っているということです。これをマイケル・ヤングが社会学的にフィールド調査をやって、ある程度証明しているので、すごく面白いのです。

――面白いですね。

執行　この理論には、私もびっくりしました。日本も確かに、いろいろなものが良くなってきました。良くなれば良くなるほど、とにかく人間はある意味で駄目になります。これは、なかなか分かりませんよね。でも、『メリトクラシー』を読んで、イギリス人の動きを通じて分かりました。イギリスのほうが、やはり日本より一回転早いのです。「一番良かった時代は、全員に負い目があった時代」というのは、人間存在の一番深いものをぶち込まれた感じがしますね。人間のもつ誠について深く考えさせられました。

――それと明治日本が同じなのですね。

執行　明治がそう。だから明治は偶然、一緒なのです。明治時代も十九世紀で、イギリスと歴史的には同じで、みんな枯渇感があった。貧乏人もそう。そして、まだまだうちの祖父ぐらいまでの世代は、自分より「家」のいい人にものすごいコンプレックスを持っていました。今ではもう、分からないでしょう。なぜ、そんなことでそんなに悩むのか。

結局、明治の日本は、ヴィクトリア朝のイギリスとちょうど一緒なのです。だから十九世紀では世界で一番、イギリスと日本に活力があったのです。

十九世紀のアメリカ人は

執行　あと近い国は、アメリカです。アメリカも十九世紀は、すごい活力がありました。調べると、一つ一つ分かります。やはりキリスト教も衰えてきて、自分の先代と比べて、みんな悩んでいた。文学を読んでも、キリスト教信仰が衰えたことに対する枯渇感しかありません。あの一九三〇年ぐらいの、フォークナー*らの文学です。

しかし、アメリカがたいした国だと思うのは、エリック・ホッファー*のような哲学者がいることです。彼はけっこう有名な人で、いろいろなところで今、出てきています。「沖仲士の哲学者」と言われ、肉体労働者なのにものすごい読書家で、独学で、ものすごい世界的な哲学者になった人です。私はこの人が、大好きなんですよ。

伝記に書いてあったのですが、ホッファーは一九三〇年代に肉体労働者をしていて、昔だからトラックでいろいろなところへ運ばれて、トウモロコシの刈り入れなどをやるのです。そこでエリック・ホッファーが、「アメリカという国はどういう国か」について書いています。貧乏でどうしようもない、その日も食えないような労働者がみんな集まって酒をくらっているのだけれども、自分の人生でただの一度も、自分が駄目なことを「人のせい」だとか「国のせい」だとか言っている人に会ったことがない、と言うのです。「ただの一度も」というのだから、すごいのです。駄目なのは分かっている。しかし、自分がどうだから駄目だ、自分が若い頃こうしたから駄目だ、自分が怠けているから、こんなところで酒をくらっているから駄目なのだと、「自分が駄目だ」ということを全員が分かっているのです。今のアメリカと、もう全然違います。今のアメリカなんて、見ていると何でも国のせいにしています。

今私が言ったのは、一九三〇年代と、第二次世界大戦に勝った四十年代までのアメリカです。そのときにエリック・ホッファーは肉体労働者をしていた。『エリック・ホッファー自伝』という本です。すごく面白いから、読んでみてください。

――なるほど、面白いですね。

執行 やはり、そのときのアメリカは、活力がすごかった。私が見てもすごく魅力があります。だからそういう時代は、国民の末端に至るまで、自分が駄目なことや自分が貧乏であることを、人のせいにしている人は誰もいなかったのです。そしてみんなが金持ちを無条件に尊敬している。「あれは自分の努力で成功した。素晴らしい人だ」と。金持ちのことをけなす人は一人もいない。自分が駄目なことは全部自分の責任。やはりアメリカというのは、たいした国だと思いました。

――アメリカンドリームが起きる素地を持っているのですね、その時代は。

執行 そう、一九三〇年代、四〇年代。だから一番強かった時期のアメリカと、日本は戦ったのです。

——本当にそうですね。それをまったくそう思わないで戦った。

執行　そして先ほどの十九世紀の話は、これからの日本を考える上で一番大きいと思います。良いこととか悪いこととか言うのは抜きにして、やはり人間は何かで「駄目なもの」を打ち込まれないと駄目なのです。

——「駄目なもの」ですね。

執行　「おまえはこうだから駄目だ」ということです。これを若い頃に打ち込まれていないといけない。ある意味、それをはね返していくのが人生ではないでしょうか。嫌ないい方をすると、「負ける人」は出てきます。負ける人は、確かにいる。これはしょうがありません。

これを生かそうとしたら、全員そろって腐ったリンゴになるしかありません。厳しい言い方ですが、私はやはり提言したい。問題発言だと分かっていますが、これは私みたいに覚悟している人間しか言えないと思いますから。駄目なものを切り捨てなかったら、人類は滅びます。イギリスや日本の歴史、そして現状を見て、絶対にそう思います。

今は「悪い人」なんていません。昔の人よりもずっと、現代人のほうが性格が良いと思います。それなのに駄目なのは、やはり悪いものを切り捨てないからだと思います。

悪いものを切り捨てないと駄目なのは、勉強もそうです。あまり平等を言うと大変なことになります。一番駄目なものに合わせる以外、平等はありませんから。

――それはそうですね。

執行　有名な東郷平八郎*とバルチック艦隊*で言えば、あのときに日本が成功したのは、老朽艦を惜しげもなく東郷平八郎が全部捨てたからです。そして、だいたい性能が同じ新しい軍艦だけで日本は揃えたのです。軍艦が揃ったということは、単縦陣《たんじゅうじん》で行くわけですから同じスピードで運動できるのです。

ところがロシアは、やはり戦艦とか軍艦はすごい値段だから、古い戦艦が惜しくて捨てられないで、最新鋭戦艦と古い戦艦とが一緒に日本に来たのです。その場合、一番駄目な戦艦の性能に、全部の戦艦が合わせなければなりません。自動車の渋滞と一緒です。

日本は全部捨てた。だから数は日本のほうが少なかったのですが、日本は圧倒的に勝ったのです。あれはもう全部、言葉は少し悪いですが、駄目なものを捨てたからです。

こういう思想を、もう少し日本人は分かる必要があります。「捨てる」というと少し言葉が悪いので、「別にしていく」と考える。そうしないと、私は駄目だと思います。

――別にしていくのですね。

執行　変ないい方ですが、生き方を変えるというか、生きる場所を別にするというか。今は、混ぜようとしているじゃないですか。その考え方が社会を駄目にしていると思います。

あとがき

本書は、「誠」という概念によって纏められた私の四篇の講演と一篇の対話である。元来、漠然とした誠を認識することは非常に難しい。誠というものが、我々人間にとって本質的である分だけ、余計に大変な作業と成るのだろう。その誠に、私は何回かの講演で少しずつ迫ってみた。もちろん力の限り行なったつもりだが、私の力量が足りないことは御容赦頂きたい。しかし本書を読み了えられた方は、人間にとって最も大切な誠というものを、大きくは摑んで頂けたのではないかと思っている。

もし摑んで頂けたのなら、それは多分、私が自分の人生で経験した最も原初的な喜びからその考察が出発したからに違いない。原初的とは、人間の最も純粋な真心からその思考が始まったということに他ならない。その真心に、読者の方が感応して下さったのだろう。その経験とは、私の中学一年生の頃に遡る。

少年の頃、私は喧嘩ばかりをしていた手に負えない悪童だった。そんなある日、学校の先生の家庭訪問があった。丁度、母は父の海外勤務先へ行っていて留守だったので、母方の祖母が手伝いに来てくれていた。先生は祖母に向かって、「どうも執行君は、乱暴すぎて将来が心配だ」と言ったのだ。その時、私は席をはずしていたが、間髪を入れずに祖母は先生に向かって「あの子は絶対に大丈夫だ。余計な心配は有難迷惑だ」と断言してくれたのだ。そして次に、私が生涯忘れられない言葉を先生に対して吐いた。

「あの子には、誠がある」

「だから絶対に立派な人間になる、私にはそれがはっきり見えるんだ」

そう言ってくれたのが聞こえた。その時の嬉しさが六十年に亘って私を支配し続けているのだ。その時の嬉しさが、人間の誠を私が考え続けている原動力と成っている。その本源的な嬉しさを、読者の方は摑んでくれたのではないか。私にはそう思えてならない。その嬉しさが、誠を思考し続けさせた。その成果の一部が、私の講演や対話篇と成っているのだ。祖母に信じてもらえた喜びは絶大だった。命の中枢が震撼したと言っていい。誠とは、それほどに人間の魂に作用する事柄なのだ。

だから我々の祖先が、何に泣き、何を喜んで来たかの中に、私は誠が潜んでいるように思っている。私はそれを、自分の経験に基づいて考え続けて来た。それが私の思考の過程だった。それを摑んで頂ければ、読者の方々の人生に、何らかの生命の喜びをもたらすことが出来るのではないかと考えている。読書とは、著者と読者との魂の交流にその価値のすべてがある。誠があると言われた私の喜びが、読者の方々の人生に生命の喜びとして伝わり、それがまた読者の誠と成れば幸いである。

さて、本書に収録する講演と対話は「〈日本的〉の根源」が、私の大好きな「日本講演新聞」の創立三十周年の祝賀講演である。「理想に生きる」は、ハリウッド大学院大学での授業講演と成っている。また「誠に生く」は、私の著作の読者の「読書サークル」のうち、京都大学の学生サークルの学生達が集まった時の講演と成り、同じような集まりとして「ぶれない軸とは」は、大阪大学と九州大学を中心とした読書サークルの学生達が、私の会社を訪れた時の講演と成っている。最後には、「10ミニッツTV」というインターネット放送の番組によるインタビュー、「人間力に迫る」を加えた。10ミニッツはイマジニア株式会社による秀れた教養番組として知られている。各々、誠というものに色々な角度の違いから迫ろうとしたものと言えよう。

最後に、本書の出版を心よく引き受けて下さった株式会社実業之日本社の岩野裕一社長、及び全責任をもって企画を立案し編集を担当して下さった大串喜子様にこの紙面をもって深く御礼申し上げる。多くの負担を粛々と進めていく大串さんの真面目さには、いつでも脱帽させられているのだ。

令和六年六月一日

執行草舟

【編集部註】

本書は左記に開催された著者の講演内容をベースに加筆修正し、講演録として再編集しました。なお、本書内に掲載している著者の年齢等は初版刊行時に合わせています。

〈本書収録講演〉

第一篇　「〈日本的〉の根源」（二〇二二年九月十七日開催、日本講演新聞三十周年祝賀会記念講演　主催／日本講演新聞）

第二篇　「理想に生きる」（二〇二一年十一月二十六日開催、日本的中堅企業経営講座　主催／ハリウッド大学院大学）

第三篇　「誠に生く」（二〇二二年五月十五日開催　京都大学読書サークル）

第四篇　「ぶれない軸とは」（二〇二二年十月三十日開催　大阪大学、九州大学読書サークル）

第五篇　「人間力に迫る」（二〇一九年五月二十四日より毎週金曜日配信「人間力とは何か」全十二話より抜粋、10ミニッツTVにて放映）

巻末資料

日本書紀　建国の詔

原文

三月辛酉朔丁卯。下令曰。自我東征於茲六年矣。頼以皇天之威。凶徒就戮。雖邊土未清。餘妖尚梗。而中洲之地無復風塵。誠宜恢廓皇都規大壯。而今運屬此屯蒙。民心朴素。巣棲穴住。習俗惟常。夫大人立制。義必隨時。苟有利民。何妨聖造。且當披拂山林。經營宮室。而恭臨寶位。以鎭元元。上則答乾靈授國之德。下則弘皇孫養正之心。然後兼六合以開都。掩八紘而爲宇不亦可乎。観夫畝傍山〈畝傍山。此云宇禰縻夜摩。〉東南橿原地者。蓋國之墺區乎。可治之。

訓

三月《やよひ》、かのとのとりの朔、ひのとのうの日、令《のり》を下してのたまはく、我東《ひがし》を征《うち》しより、こゝに六年《むとせ》なり。皇天《あめのかみ》のみいきほひをかうふりて、凶徒《あだ》ころされぬ。邊土《ほとりのくに》いまだしつまらず、餘妖《のこりのわざはひ》なほ梗《あれ》たりといへども、中洲《うちつくに》の地《ところ》また風塵《さはぎ》なし。まことによろしく皇都《みやこ》をひろめひらき大壯《みあらか》をはかりつくるべし。しかるにいま、運此屯蒙《ときわかくくらき》にあひ、民《おほみたから》のこゝろ朴素《すなほ》なり。巣《す》にすみ穴《あな》にすむ、すむしわざ、これ常となれり。かの大人制 義《ひじりのりのことはり》をたつ、かならず時のまに〱いやしくも、民《おほみたから》に利《くぼさ》あり、なんぞ聖造《ひじりのわざ》にたがはん。且まさに山林をひらきはらひ、宮室《おほみや》をさめつくりて、つゝしんで寶位《たかみくらゐ》にのぞむべし、もて元々《おほみたから》をしづむべし。上はすなはち乾靈《あめのかみ》、國をさづけ給ふ德《うつくしみ》にこたへ、下はすなはち皇孫正《すめみまたゞしき》をやしなひ給し心《きゆうしみこゝろ》をひろめん、しかうしてのちに、六合《くにのうち》をかねてもて、都をひらき八紘《あめのした》をおほひて、宇《いへ》とせんことよからざらんや。みれば、かの畝傍山《うねびやま》の東南《たつみ》のすみ橿原《かしはら》の地《ところ》は、けだし國の墺區《もなか》か、みやこつくるべし。

聖徳太子「憲法十七条」（※該当条項のみ）

原文：

一曰、以和爲貴。

三曰、承詔必謹。

四曰、以禮爲本。

九曰、信是義本。

書き下し文：

一に曰はく、和を以て貴《たつと》しと為す。

三に曰はく、詔《みことのり》を承《う》けては必ず謹め。

四に曰はく、礼を以て本と為《せ》よ。

九に曰はく、信は是れ義の本なり。

五箇条の御誓文

一．広く会議を興し、万機公論に決すべし。

一．上下心を一にして、さかんに経綸を行うべし。

一．官武一途庶民に至る迄、各々その志を遂げ、人心をして倦まざらしめんことを要す。

一．旧来の陋習を破り、天地の公道に基づくべし。

一．智識を世界に求め、大いに皇基を振起すべし。

注釈

【あ】

アインシュタイン〈アルベルト〉（Albert Einstein／1879-1955）……196、219
ドイツの理論物理学者。一般相対性理論に代表される様々な理論を発表。マンハッタン計画で原子爆弾の発明に携わるが、戦後は平和運動に尽力した。

安部公房（あべ・こうぼう／1924-1993）……186
前衛作家・劇作家。超現実的な作品を多数執筆し、人間存在の不安を描き出した。日本現代文学を代表する一人として広く海外でも読まれ、国際的な名声を博す。また演劇グループ「安部公房スタジオ」を設立。代表作に『砂の女』『第四間氷期』『棒になった男』等

天忍日命（あめのおしひのみこと）……30
日本神話の神。天孫降臨に際し、天津久米命（あまつくめのみこと）とともに先駆けを務めた。大伴氏の祖神。

アラン（Alain／1868-1951）……267、268
フランスの哲学者、評論家、モラリスト。本名エミール＝オーギュスト・シャルティエ。哲学の体系化を嫌い、具体的な対象を前にして語り、過去の優れた思想や哲学を書物から紐解き、理性主義的立場から道徳、教育を論じた。『幸福論』『定義集』等。

有賀千代吉（ありが・ちよきち／1896-1987）……91、200、201、229
立教小学校第3代校長。立教大学商科卒業後、満鉄に入社したのちカナダへ渡る。終戦後、英軍司令部の事務所にて通訳の仕事に従事していたところ、立教大学総長の佐々木順三の招聘を受け、立教小学校設置に尽力。1933年校長に就任。以後退職するまで立教小学校のため精力的に活動を行なった。

五十嵐健治（いがらし・けんじ／1877-1972）……91、92、104、105
実業家。三井呉服店（現・三越）に勤め、明治39年洗濯業の白洋舎を創業。翌年わが国ではじめてドライクリーニングの技術を開発。東京、大阪に工場をつくるなど事業を拡大。クリスチャンとして伝道と出版にも努めた。

石田梅岩（いしだ・ばいがん／1685-1744）……102
江戸中期の思想家。石門心学の祖。農家に生まれ、京都の商家に奉公しながら神道・儒教・仏教などを学び、啓蒙的な庶

民道徳の心学を創始。商行為を罪悪視する偏見を打破して庶民に大きな影響を与えた。『都鄙問答』『倹約斉家論』等。

一遍（いっぺん／1239-1289）……136
鎌倉時代の僧、時宗の開祖。伊予の豪族河野通広の子。善光寺・高野山・熊野などを巡拝し、伊予に帰って時宗を開く。生涯自分の寺を持たず、勧進帳と念仏札を携えて全国を念仏遍歴し、民衆に念仏踊を勧め教化に努めたので、遊行上人（ゆぎょうしょうにん）と称された。死後門弟により法語類を集成した『一遍上人語録』がある。

出光佐三（いでみつ・さぞう／1885-1981）……69
出光興産創業者。福岡県宗像郡出身。神戸高等商業学校卒業。同校で水島銕也校長に師事。「士魂商才」の理念を学ぶ。「人間尊重」「大家族主義」などを中心とした独自の経営を実践した。『人間尊重五十年』他多数。多額納税者として貴族院に選出。日本を代表する経営者。

内村鑑三（うちむら・かんぞう／1861-1930）……46
キリスト教徒、思想家。高崎藩士の子として江戸に生まれ、札幌農学校卒業後渡米。帰国後、第一高等中学校講師のとき「教育勅語」の礼拝をしなかったとして学校を追放された。のち『万朝報』の記者として足尾鉱毒事件を批判。日露開戦に際して非戦論を主張し、幸徳秋水らとともに退社。無教会主義を唱え、日本（Japan）とイエス（Jesus）の「二つのJ」に仕えることを念願とした。

ウナムーノ〈ミゲール・デ〉（Miguel de Unamuno／1864-1936）……45、224、264、265、267、268、276
スペインを代表する哲学者、詩人。魂の不滅性を説いて思想界に強い影響を与えた。九八年世代と呼ばれるスペインの憂国思想、国、国民のあり方を根底から問うた、実存主義的な哲学を打ち立てた。代表作に『生の悲劇的感情』、小説『霧』、神秘詩集『ベラスケスのキリスト』など。

エリオット〈トーマス・スターンズ〉（Thomas Stearns Eliot／1888-1965）……79
イギリスの詩人、批評家、劇作家。ハーバード大学卒業後、パリへ留学。ベルクソンの影響を受ける。長詩『荒地』や詩劇『寺院の殺人』によって20世紀前半の英語圏で最も重要な詩人の一人と評される。１９４８年にノーベル文学賞を受賞。

大伴家持（おおとものやかもち／718頃-785）……30
奈良時代の歌人、公卿。旅人の子。三十六歌仙の一人。『万葉集』の編纂に関わる。地方・中央の諸官を歴任。名門大伴家の家名挽回のために政争に巻き込まれながらも平安時代に先駆けた和歌を詠んだ。

オズボーン〈ジョージ〉(George Osborne／1971-)……276
ロンドンのパブリックスクール、セント・ポール校で学び、オックスフォード大学に進学。フリーのジャーナリストを経て1994年英国保守党の調査部門に入る。2001年イングランド北西部のタットン地区から選出され初当選。01年キャメロン内閣で財務相に就任。次期首相候補と目されたが、イギリスのEU離脱の国民投票と、それに伴うキャメロンの辞任によって要職を失い、07年総選挙で出馬せずに政界を引退。

オッペンハイマー〈ロバート〉(Robert Oppenheimer／1904-1967)……219
アメリカの物理学者。第二次世界大戦中、ロス・アラモス研究所長として原子爆弾の製造を指導（マンハッタン計画）。戦後はアメリカの水爆製造計画に反対したことをきっかけに、アメリカ原子力委員会を追放された。

折口信夫(おりぐち・しのぶ／1887-1953)……50
大正、昭和時代の国文学者、民俗学者、歌人。大阪出身。國學院大學卒業。柳田國男の高弟として、国文学に民俗学的研究を導入した。短歌は「アララギ」同人、のち北原白秋らと「日光」を創刊。國學院大學、慶応義塾大学教授。昭和23年芸術院賞。歌人名は釈迢空（しゃくちょうくう）。著作に『古代研究』『死者の書』、歌集『海やまのあひだ』、詩集『古代感愛集』など。

【か】

カーネギー〈アンドリュー〉(Andrew Carnegie／1835-1919)……49
アメリカの実業家、鉄鋼王。スコットランド移民で、糸捲工・電信技師などをへてペンシルヴァニア鉄道に要職を得た。南北戦争後に製鋼業界に入り、10年たらずで合衆国最大のカーネギー鉄鋼会社を築いた。1901年にはこれをJ・P・モルガンのUSスティールに譲って引退し、カーネギー財団をつくって教育・文化・慈善などに尽くした。

観阿弥(かんあみ／1333-1384)……179
南北朝・室町時代の能役者・能作者。観世流の始祖。世阿弥の父。大和猿楽（やまとさるがく）に曲舞（くせまい）などの要素を加え、謡を革新して世阿弥とともに能を大成させた。

カント〈イマヌエル〉(Immanuel Kant／1724-1804)……22、23、40、41、54

ドイツの哲学者。近世哲学を代表する最も重要な哲学者の一人。ドイツ観念論の起点となった哲学者で、『純粋理性批判』『実践理性批判』『判断力批判』の三批判書を発表し、批判的(形式的)観念論、先験的観念論を創始。ケーニヒスベルク大学の哲学教授。

韓非子(かんぴし)……39
古代中国の戦国時代に、思想家で法家でもある韓非が記した20巻55篇からなる思想書。本来、人間は利己的な存在であるという立場から、法律や刑罰が政治の基礎だと説く。

北畠親房(きたばたけ・ちかふさ/1293-1354)……92
鎌倉・南北朝時代の公卿。後醍醐天皇に信任され世良親王を養育するが、親王の死去で出家。建武の新政で再出仕し、従一位。後醍醐天皇死後は南朝の中枢として勢力回復に尽くす。日本建国の由来から後村上天皇践祚まで事績を辿り、南朝の正統性を論証した『神皇正統記』は後世広く読まれ、日本を代表する歴史家・思想家達に大きな影響を与えた。

キャメロン〈デーヴィッド〉(David Cameron/1966-)……276
イギリスの政治家。オックスフォード大学卒業後、保守党職員となる。2001年に下院議員に当選し、05年党首に就任。10年の総選挙で保守党が比較第一党となる勝利を収め、第二次大戦後初の連立政権を自由民主党と組み、自らは首相となった。16年、英国のEU離脱を問う国民投票で残留を訴えたが敗北、首相辞任。

倉田百三(くらた・ひゃくぞう/1891-1943)……81、96、157
劇作家、評論家。旧制第一高等学校を結核で中退。在学中に西田幾多郎の影響を受ける。京都の「一燈園」に入って深い信仰生活を送る。大正6年戯曲『出家とその弟子』を刊行し、反響を呼ぶ。10年評論集『愛と認識との出発』を発表、当時の青年の必読書となった。

クレマンソー〈ジョージ〉(Georges Clemenceau/1841-1929)……212、213
フランスの政治家。急進社会主義派に属し代議士に当選、議会演説によって多くの内閣を倒し、「虎」と称された。1906~09年首相就任。第一次世界大戦中再度首相に就任、戦争を勝利に導き、講和会議ではフランスの全権となり、ドイツに天文学的数字の賠償金を要求した。

ケインズ(John Maynard Keynes/1883-1946)……262
イギリスの経済学者。有効需要論・乗数理論・流動性選好説を柱とする主著『雇用・利子および貨幣の一般理論』により、失業と不況の原因を明らかにして完全雇用達成の理論を提示し、のちにケインズ革命とよばれる近代経済学の変革をもたらした。『貨幣論』『戦費調達論』等。

ゲーテ〈ヨハン・ヴォルフガング・フォン〉(Johann Wolfgang von Goethe／1749-1832)……20、21、144
ドイツの詩人、作家。25歳のとき『若きウェルテルの悩み』で一躍名声を博し、詩、小説、戯曲などに数々の名作を生んだ。シラーとの交友を通じドイツ古典主義を確立。自然科学の研究にも業績をあげた。政治家としても活躍。他の主著に『ファウスト』『西東詩集』など。

ゲバラ〈エルネスト・チェ〉(Ernesto Guevara／1928-1967)……90
中南米の革命家。アルゼンチン生まれ。カストロと共にキューバ革命の達成に導く。その後、ボリビアでゲリラ活動中に捕えられ殺害された。著作に『ゲバラ日記』等。

憲法十七条(けんぽうじゅうななじょう)……19、22、31-35、41、42、44、47、55、101-104、291
604年に聖徳太子が制定したわが国最初の成文法。官吏、貴族の守るべき道徳的な訓戒を十七ヵ条に漢文で書いた。

黄興(こうこう／1874-1916)……88、89
中国の革命家。日本留学後、華興会を組織し蜂起を計画するが失敗、日本に亡命。1905年孫文らと中国革命同盟会を結成し、軍事指導者となる。辛亥革命後、陸軍総長に就任したが、袁世凱に敗れ、日本、のちアメリカに亡命した。

孔子(こうし／紀元前551-紀元前479)……134
中国・春秋時代の思想家、学者。古代からの学問である五経を体系づけ、儒教とあらゆる学問の根源を創り上げた。その言行録は『論語』として今日に伝わる。

ゴーギャン〈ポール〉(Paul Gauguin／1848-1903)……146
フランスの画家。ポスト印象派の代表として知られる。晩年はタヒチで制作。「黄色いキリスト」「我々はどこから来たのか　我々は何者か　我々はどこへ行くのか」等。

五箇条の御誓文(ごかじょうのごせいもん)……19、41、42、55、292
明治天皇が宣布した明治新政府の基本方針。五ヵ条より成るのでこう呼ばれる。由利公正が起草し、福岡孝悌が修正を加え、更に木戸孝允が加筆・修正したものとされる。

小島直記(こじま・なおき／1919-2008)……120
小説家。経済界の人物を描いた伝記小説で有名。『三井物産初代社長』『岡野喜太郎伝』等。

言立て（ことだて）……30、51
口に出して言うこと。掲言。誓言。

小林秀雄（こばやし・ひでお／1902-1983）……154、168、169、177、178、214、240-242、246、268、269
文芸評論家。日本において、近代文学批評を確立した人物として知られる。『無常といふ事』『本居宣長』等。

小林喜光（こばやし・よしみつ／1946年- ）……264
実業家。東京大学大学院修了後、三菱化成工業入社。2007年三菱ケミカルホールディングス代表取締役社長。15年同社取締役会長に就任。同年より経済同友会代表幹事も務めた（～2019）。

近藤勇（こんどう・いさみ／1834-1868）……132
幕末の新選組局長。池田屋事件など反幕派志士の取締りで名を揚げ幕臣となる。その後、新政府軍との戦いに敗れ、自ら敵陣に赴き処刑される。

【さ】

西郷隆盛（さいごう・たかもり／1828-1877）……55
武士、軍人、政治家。明治をつくった元勲だが、急激な欧化をする政府と対立。西南戦争を起こすが敗退して自刃。武士道の鑑と言われる。

斎藤実盛（さいとう・さねもり／1111-1183）……228
平安末期の武将。越前の人。保元の乱・平治の乱には源義朝に従って戦功があったが、義朝の戦死後は平宗盛・維盛に仕えた。のち、北陸で源義仲と戦って戦死。その最期は謡曲、浄瑠璃、歌舞伎などにとりあげられている。

猿楽（さるがく）……179
古代～中世にかけて流行した演芸。散楽・申楽・散更（さるごう）ともいう。狭義には能楽の別称。奈良時代に唐から伝来。神楽の余興として宮廷に入った。民間では寺社に隷属し、滑稽な物まねを主とした。鎌倉時代に歌舞的要素を加え猿楽の能に発達、室町時代に観阿弥・世阿弥父子が出て、足利将軍家の保護のもと、猿楽の能を大成させた。

ジッド〈アンドレ〉（André Gide／1869-1951）……142、144
フランスの小説家、批評家。早くからマラルメ、ヴァレリーと知り合い、象徴派風の作品を書くが、すぐ脱し、生命の歓喜、自由を追求した多くの小説を発表。1924年ノーベル文学賞受賞。

十字架の聖ヨハネ（サン・ファン・デ・ラ・クルス）（San Juan de La Cruz／1542-1591）……79、80、223
スペインのカトリック神秘思想家、詩人、聖人。本名サン・ファン・デ・ラ・クルス。キリスト教神秘思想の著作で知られ、神と合一していく魂の過程を描いた『暗夜』や『カルメル山登攀』等の代表作がある。アビラの聖テレサと共にカルメル会の改革者として知られる。49歳にして病没。

十字軍（じゅうじぐん）……51
中世に西欧カトリック諸国が聖地エルサレムをイスラム教諸国から奪還することを目的に派遣した遠征軍。

シュレディンガー〈エルヴィン〉（Erwin Schrödinger／1887-1961）……219
オーストリアの理論物理学者。波動形式の量子力学である「波動力学」を提唱。次いで量子力学の基本方程式であるシュレディンガー方程式を築き上げた。

聖徳太子（しょうとくたいし／574-622）……19、31-35、42、101-103、291
用明天皇の皇子。母は穴穂部間人皇女。推古天皇の皇太子、摂政となり、十二階冠位の制定、十七条憲法の発布、遣隋使の派遣などを行なう。内外の学問に通じ、仏教に帰依、多くの寺院を建立。

ジョン王（John／1166-1216）……31
プランタジネット朝第3代イングランド王。兄リチャード一世が没すると王位継承。仏王フィリップ二世、教皇インノケンティウス三世と戦って敗北。国内諸侯の怒りを招き、王権を制限するマグナ・カルタへの合意を余儀なくされた。

ジョンソン〈ボリス〉（Boris Johnson／1964- ）……276
イギリスの政治家。イートン校とオックスフォード大学で学んだ後、保守系新聞「デイリー・テレグラフ」の記者を務める。２００１年に保守党より下院議員に当選。08年にロンドン市長に就任。市長在任中の15年に再び下院議員に当選し、16年5月まで市長と兼務した。外相を経て19年首相に就任。ＥＵ離脱を果たすも、新型コロナウイルスの自粛期間中のパーティー開催問題等で辞任に追い込まれた。

新選組（しんせんぐみ）……40、132、133、140、148
尊皇・倒幕の過激派志士が集まる京都の治安を守るために組織された浪士組。激しい戦闘を繰り返し有名になっていった。

神仏習合（しんぶつしゅうごう）……35、44、46、47、55
外来の仏教信仰と固有の神祇信仰とを融合調和すること。神仏混交ともいう。奈良時代に神社に神宮寺がつくられ、平安時代になると個々の神をそれぞれ仏と結びつける本地垂迹説が現われ、神社に仏像を置いたり、寺に鳥居を建てたりした。神仏習合は約1000年間行なわれてきたが、明治初期の神仏分離令によって否定された。

神武天皇（じんむてんのう）……19、20、22、25、27-30、34、35、41、42、44、55、101-104
記紀で第一代の天皇。日向を出て瀬戸内海を東へ進み、大和を平定し、橿原宮で即位。

親鸞（しんらん／1173-1263）……96、131、157、178
鎌倉時代の僧。浄土真宗の宗祖。法然の弟子。念仏弾圧より越後に流される。その後、絶対他力・悪人正機説を唱え、肉食妻帯の在家主義を肯定した。『歎異抄』は晩年の言行を弟子唯円らが記した。

スマイルズ〈サミュエル〉（Samuel Smiles／1812-1904）……277
イギリスの著述家。偉人の実生活から教訓をとった、主著『自助論（セルフ・ヘルプ）』は明治4（1871）年に『西国立志編』として邦訳された。そこで著されている自学、独立独行、誠実、節倹などの諸徳目は多大の反響をよび、ヴィクトリア朝イギリスの啓蒙書となって、世界各国語に翻訳された。

世阿弥（ぜあみ／1363頃-1443頃）……179
室町前期の能役者、能作者。観阿弥の長男。足利義満の後援を得て、能楽を大成した。『風姿花伝』『花鏡』等。

石門心学（せきもんしんがく）……48、102、103
石田梅岩を祖とする実践哲学。神道・儒教・仏教や老荘思想をも取り入れた、近世庶民の生み出した倫理的自覚の学。近世、道徳的に卑しめられていた庶民に対して道の実践では武士と対等の存在と説き、特に町人についての社会通念であった賤商観を否定するとともに、商業道徳の自覚を強調した。

セルバンテス〈ミゲール・デ〉（Miguel de Cervantes Saavedra／1547-1616）……223
スペインの作家。レパントの海戦、捕虜生活や入獄等、波瀾万丈の人生を生きながら名作を残した。『ドン・キホーテ』等。

戦国策（せんごくさく）……39
『国策』『国事』『事語』『短長』『長書』『脩書』といった書物（竹簡）を前漢の劉向（りゅうこう／紀元前77年—紀元前6年）が33篇の一つの書にまとめたもの。

曾参（そうしん／紀元前505-紀元前436）……134
曾子の本名。孔子の高弟とされ、孝心が厚く『孝経』を著わしたと伝えられる。

尊皇攘夷（そんのうじょうい）……40、55
日本で江戸末期、天皇を尊び政治の中心としようとする尊王論と、外国を追い払う攘夷論とが結びついた政治思想。朱子学の系統を引く水戸学などに現われ、下級武士を中心に全国に広まり、王政復古・倒幕思想に発展していった。

孫文（そんぶん／1866-1925）……88、89、122
中国の革命家。初めは医者であったが、やがて革命運動に尽力し、１９１１年の辛亥革命の際には臨時大統領に選ばれた。『三民運動』『建国方略』等。

【た】

田代陣基（たしろ・つらもと／1678-1748）……171
江戸時代の武士、鍋島藩士。『葉隠』の筆記者。口述者の山本常朝、その師の湛然和尚、石田一鼎とともに「葉隠の四哲」とされる。

楯の会（たてのかい）……176
三島由紀夫によって設立された軍隊を補佐する民間防衛組織。

田中角栄（たなか・かくえい／1918-1993）……275
政治家。新潟県出身。幼時から貧苦の生活を送り、中学進学を断念、土木工事現場で働いた。15歳で単身上京、中央工学校を卒業後、田中土建工業を設立。１９４７年以来16回衆議院議員に当選。蔵相、通産相、自由民主党幹事長などの要職を歴任し、72年自由民主党総裁、首相。同年9月中国との国交回復を実現。内政面では「日本列島改造論」を掲げ、経済発展を目指した。76年7月ロッキード事件で逮捕され起訴。一審、二審ともに実刑判決を受けたが、最高裁上告中に死去。

田辺元（たなべ・はじめ／1885-1962）……65、94、105、224
日本の哲学者。西田幾多郎とともに京都学派を代表する思想家。京都大学名誉教授。数学ならびに物理学に終生関心強く、東北帝国大学理学部講師も務め、文理融合した独自の哲学を築く。著書に『最近の自然科学』、『科学概論』『懺悔道としての哲学』等。

ダンテ〈アリギエリ〉（Dante Alighieri／1265-1321）……149、173、229、230
イタリア最大の詩人。不滅の古典『神曲』を著わして、ヨーロッパ中世の文学、哲学、神学、修辞学、および諸科学の伝統を総括し、古代ギリシャのホメロスとローマのウェルギリウスが築いた長編叙事詩の正統を継承し、ルネッサンス文学の地平を切り開いた。『新生』『饗宴』等。

トインビー〈アーノルド〉（Arnold・J・Toynbee／1889-1975）……73、85
イギリスの歴史家、文明批評家。オックスフォード大学ベリオール・カレッジで学ぶ。イギリス学士院フェロー、ロンドン大学教授。国家ではなく、文明単位での勃興、隆盛、衰亡の過程を考察した。文明のその消長の一般法則を体系づけ独自の歴史観を展開。主著に『歴史の研究』。

道元（どうげん／1200-1253）……178
曹洞宗の開祖。比叡山で天台宗を修め、次いで栄西に禅を学ぶ。入宋し曹洞禅を修め、帰朝後、坐禅第一主義による厳格な宋風純粋禅を唱えた。公武の権力者との結びつきを避け、越前に永平寺を創建し、弟子の養成に専念した。著書に『正法眼蔵』『学道用心集』等。

東郷平八郎（とうごう・へいはちろう／1848-1934）……284
軍人。海軍大将・元帥。日露戦争では連合艦隊司令長官となり、日本海海戦でロシアのバルチック艦隊を全滅させた。のち、軍令部長・東宮御学問所総裁を歴任。死去に際し侯爵となり、国葬を執行された。

戸嶋靖昌（としま・やすまさ／1934-2006）……121、122、194、195
洋画家。約30年間スペインで制作。『魅せられたる魂―執行草舟の像』『夢の草舟』等。執行草舟がその友情から「戸嶋靖昌記念館」を設立し、館長を務める。

ドストエフスキー〈フョードル〉（Fyodor Mikhailovich Dostoevsky／1821-1881）……145、146、175、186
ロシアの大作家。革命に向かうロシア社会における、人間の深部と葛藤、情念を描き出した。体制批判の結社に加わり、逮捕・流刑を体験。社会・人間の深淵をえぐる文学は世界に知られる。『罪と罰』『悪霊』『カラマーゾフの兄弟』等。

土着（どちゃく）……44、46
その土地に生まれ、住みついていること。また、その土地に常住すること。

【な】

中今（なかいま）……233、234
神道における歴史観の一つ。時間の永遠の流れのうちに中心点として存在する今、単なる時間的な現在ではなく、神代を継承している今と捉える考え方。

中河与一（なかがわ・よいち／1897-1994）……142
小説家。川端康成、横光利一らと「文芸時代」を創刊し、感覚派の旗手となる。昭和13年の『天の夕顔』は清らかな恋愛小説として人気を得た。戦時中は超国家主義の立場に立った。

ニーチェ〈フリードリッヒ・ヴィルヘルム〉（Friedrich Wilhelm Nietzsche／1844-1900）……82
ドイツの哲学者。バーゼル大学の古典文献学の教授。強者の主人道徳を説き、神の死を宣言してニヒリズムの到来を告げる。『悲劇の誕生』『反時代的考察』を著す。『ツァラトゥストラはかく語りき』『この人を見よ』で超人と永劫回帰思想を説き、生の哲学を打ち立て、実存哲学に大きく影響。

西田幾多郎（にしだ・きたろう／1870-1945）……156、224
哲学者。京都大学教授。禅の宗教性と生の哲学やドイツ観念論を融合する思想を「西田哲学」として理論化、近代日本を代表する哲学者として知られる。『善の研究』『自覚に於ける直観と反省』等。

日蓮（にちれん／1222-1282）……178、253
日蓮宗の開祖。安房の天台宗清澄寺で出家、是聖房蓮長と称した。建長5年立教開宗、このころ日蓮と改名。『立正安国論』を著わし浄土教を非難、激しい弾圧を受け伊豆、佐渡に流される。赦免後は甲斐の身延山に隠棲し、弟子の育成に努めた。『開目抄』『観心本尊抄』等。

新渡戸稲造（にとべ・いなぞう／1862-1933）……231
教育家、農政学者。札幌農学校を卒業後、アメリカに留学、クエーカー教徒になる。帰国後札幌農学校教授、京都大学教授などを歴任。第一高等学校長時代は人格教育に努めた。その後、国際連盟書記局事務局次長として活躍。『武士道』『修養』等。

瓊瓊杵命（ににぎのみこと）……30
記紀神話にみえる天照大神の孫。「邇邇芸命」（『古事記』）とも書く。日本統治のために三種の神器を奉じて高天原から日向国高千穂峰に降臨した。木花之開耶姫（このはなさくやひめ）を娶り、彦火火出見尊（ひこほほでみのみこと）を生む。神武天皇は曾孫にあたるとされる。

ニュートン〈アイザック〉（Isaac Newton／1643-1727）……21
イギリスの数学者、天文学者、物理学者。光のスペクトル分析、万有引力の法則、微積分法の三大発見をした。主著『プリンキピア』で運動の三法則、万有引力論などの力学大系を完成し、以後200年間、近代自然科学の範となった。その力学的自然観は、啓蒙思想に大きな影響を与えた。

【は】

ハイゼンベルク〈ヴェルナー〉(Werner Karl Heisenberg／1901-1976)……219
ドイツの理論物理学者。原子物理学の研究から量子力学を確立。ノーベル賞受賞。『部分と全体』等。

聖パウロ(Paulos／紀元前5-67)……136、232、234
1世紀のキリスト教の使徒、聖人。小アジアのタルソス生まれの、ローマ市民権をもったユダヤ人。ユダヤ教徒としてキリスト教を迫害したが、後に半生をキリスト教の伝道にささげた。

『バガヴァッド・ギーター』……24
ヒンドゥー教最上の聖典。古代インドの大叙事詩『マハーバーラタ』の中の一詩編で、宗教・哲学的教訓詩。

『葉隠』(はがくれ)……50、51、59、64、67、70-72、80、85、93、95、99、121、137、145、147、151、152、171、189、196、199、223、231、232、264、266
江戸中期の武士の修養書。全11巻。正しくは『葉隠聞書』。鍋島藩士山本常朝の談話を田代陣基が筆録した。藩主に仕える者の心構えや佐賀藩の歴史や習慣に関する知識や挿話が書かれているが、長く禁書となっていた。享保元年成立とされる。

ハクスリー〈オルダス〉(Aldous Huxley／1894-1963)……143、165、172、186
イギリスの作家・批評家。18歳で医学から文学に転向。現代文明に対する懐疑や不安に満ちた作品を多く執筆した。『素晴らしい新世界』『道化踊り』他。

芭蕉(ばしょう／1644-1694)……221、222、228
松尾芭蕉。俳聖。江戸で談林派などの俳諧を学び、「さび」「しおり」「細み」などを重んじる蕉風を開拓し、俳諧を芸術として確立した。蕉門十哲をはじめ多くの優れた門弟を輩出。各地に旅し、『奥の細道』『野ざらし紀行』ほか名句と紀行文を残した。

埴谷雄高(はにや・ゆたか／1909-1997)……185、186
小説家、評論家。左翼運動で検挙されて収監。『近代文学』創刊に参加、壮大な構想の観念小説『死霊』を連載。結核再発により中断、その後26年あけて『死霊』第5章を1975年に発表(日本文学大賞を受賞)。第6〜9章を14年かけて発表、未完となる。『幻視のなかの政治』『罠と拍車』等。

バルチック艦隊……284
ロシア連邦海軍の主要な艦隊の一つ。ロシアの艦隊中最も長い歴史を持つ。正称はバルト海艦隊（Baltiiskii flot）。日露戦争の際にその主力艦隊が極東に派遣され、１９０５年５月の日本海海戦において日本の連合艦隊と戦い全滅した。

バルト〈カール〉(Karl Barth／1886-1968)……87、88
スイスの神学者。神の啓示を神学の中心に置き、弁証法神学を唱えた。牧師生活における実存的な説教の必要に迫られ、また大戦によるヨーロッパ文化の崩壊を目の当たりにし、その終末論的神学を形成した。『教会教義学』等。

パンゲ〈モーリス〉(Maurice Pinguet／1929-1991)……85、86
フランスの哲学者、文化人類学者、日本学者。自殺、文学、日本に焦点を当てた文化人類学の研究で知られる。また、フランスの知識人に日本を紹介する役割を担った。パリ高等師範学校卒業後、パリ大学教授、東京大学教授、東京日仏学院院長を歴任した。『自死の日本史』『テクストとしての日本』等。

土方歳三（ひじかた・としぞう／1835-1869）……132–134、139、170、220
幕末の新選組副長。鳥羽・伏見の戦いで病気の近藤に代わって隊を指揮し、会津、函館まで転戦し、戦死した。

フェルミ〈エンリコ〉(Enrico Fermi／1901-1954)……219
イタリアの物理学者。アメリカへ移住。原子爆弾開発プロジェクトであるマンハッタン計画に参画し、史上最初の原子炉を建設した。統計力学や中性子の元素を人工的に変える実験を行なった。

フォークナー〈ウイリアム〉(William Faulkner／1897-1962)……281
アメリカの小説家。ヘミングウェイと並び称される20世紀アメリカ文学の巨匠。アメリカ南部の解体に瀕する農園社会の悲惨な生活を、内的独白、錯綜する時間的構成などの手法を用いて描いた。『響きと怒り』『サンクチュアリ』等。１９４９年ノーベル文学賞受賞。

藤沢周平（ふじさわ・しゅうへい／1927-1997）……245
小説家。中学校教師、業界紙記者などを務めるかたわら精力的な執筆活動を続け、１９７３年『暗殺の年輪』で直木賞を受賞。武家もの、市井ものを中心とした時代小説に下級武士や庶民の哀歓を端正な文体で描いた。『蝉しぐれ』『三屋清左衛門残日録』等。

無頼（ぶらい）……86
頼みにするところなく独立して生きるさま。一定の職をもたず、無法である状態を指すこともある。

プラトン（Platon／紀元前427-紀元前347）……212
古代ギリシャの哲学者。ソクラテスの弟子。個物の実在をイデアとするイデア論を説いた。『饗宴』『国家』等。

ブロッホ〈エルンスト〉（Ernst Bloch／1885-1977）……224
ドイツの哲学者。ユダヤ教的終末論とマルクス主義を融合させた独自の思想を展開。第一次大戦中スイスに亡命し、『ユートピアの精神』『希望の原理』は思想界に大きな影響。

ヘーゲル〈ゲオルク・ヴィルヘルム〉（Georg Wilhelm Friedrich Hegel／1770-1831）……22、23、65、95、164
ドイツの哲学者。ドイツ観念論の体系的完成者と言われる。ルネッサンス以来の近代思想を独自の観点から、論理学、自然哲学、精神哲学からなる三部構成の体系にまとめ上げた。自然や精神の世界を、弁証法的発展の過程として捉えた。代表的著作に『法の哲学』『歴史哲学』『精神現象学』等。

聖ペテロ（Petros／不詳-67頃）……136、232、234、235
イエスの12使徒の筆頭。ユダヤ名はシモン。ガリラヤの漁夫で、キリストの弟子になってペテロ（岩）と呼ばれた。最初に復活を信じ、エルサレムに教会を建て、ユダヤ人に伝道したのち、ローマに行ったとされ、ネロの迫害で殉教したという。ローマ教皇はペテロの地位を継ぐものとされている。

ベルジャーエフ〈ニコライ〉（Nikolay Aleksandrovich Berdyaev／1874-1948）……93、94
ロシアの思想家。宗教的実存主義の立場から精神の自由を基軸に、宗教・歴史哲学を展開したが、ロシア革命後パリに亡命。共産党体制の経験からその思想を宗教として深く分析、批判。『歴史の意味』『自己認識』『マルクス主義と宗教』等。

聖ベルナール（Bernard de Clairvaux／1090-1153）……51、136
フランスの神秘家、修道院改革者。貴族出身。同族を伴ってシトー会に入会。1115年クレルヴォー修道院を創設して院長となり、説教、著述のほか修道院組織などを通じて全ヨーロッパに絶大な影響を与え、45年第二回十字軍の勧誘で各地を遊説。アウグスティヌスに基づく謙遜の神学に立ち、当代の主知的傾向に反対した。クレルヴォーのベルナルドゥスとも呼ばれる。

法然（ほうねん／1133-1212）……178、253
浄土宗の開祖。美作（みまさか／現・岡山県）の人。初め叡山で天台教学を学んだが、末法の世の救いは念仏以外にないことを悟り、１１７５年専修念仏を説いて浄土宗を開いた。のち旧仏教側の弾圧が激しく、１２０７年讃岐に流された。のち許され京都に戻る。

ホッファー〈エリック〉（Eric Hoffer／1902-1983）……281、282
アメリカの社会哲学者。正規の教育を受けず、独学で幅広い学問を修得。港湾労働者として働きながら著述家として活動し、「沖仲士の哲学者」と称された。著書に『自伝』『波止場日記』等がある。

【ま】

マグナ・カルタ（Magna Carta）……31
１２１５年、イングランド王ジョンが封建貴族たちに強制されて承認、調印した文書。前文と63条からなり、国王の徴税権の制限、法による支配などを明文化し、王権を制限、封建貴族の特権を再確認したもの。権利請願・権利章典とともに英国立憲制の発展に重要な役割を果たした。大憲章と訳される。

松下幸之助（まつした・こうのすけ／1894-1989）……69、99、103、104、112、113、118、119、161、257、258
実業家、パナソニックの創業者、ＰＨＰ研究所・松下政経塾創設者。家庭用の電気機器製作所から現在のパナソニックという大メーカーを築き上げ、「経営の神様」と呼ばれる。『道をひらく』『商売心得帖』等。

マルクス・アウレリウス（Marcus Aurelius／121-180）……82
古代ローマの皇帝。辺境諸民族との戦いに奔走する一方、ストア学派の哲学者としても知られ、哲人皇帝、五賢帝の一人とされた。中国とも交流し、『後漢書』に〈大秦王安敦〉とある。著書『自省録』はこの時代の文学・哲学の最高峰。

マルロー〈アンドレ〉（André Malraux／1901-1976）……47
フランスの作家・政治家。考古学者としてクメール文化遺跡の発掘調査に従事、また中国の革命運動に参加。それらの体験を元に数々の小説を発表。またスペイン内乱と第二次大戦での参戦経験も同じく作品となった。戦後はド・ゴール政権下で国務大臣を務めた。『王道』『人間の条件』等。

マレー〈ダグラス〉（Douglas Murray／1979- ）……264-266、268
イギリスのジャーナリスト。イギリスを代表する雑誌『スペクテーター』のアソシエート・エディターを務める。新聞への多数の寄稿や講演など精力的に活動している。『西洋の自死』等。

三浦綾子（みうら・あやこ／1922-1999）……93、104
小説家。旭川市立高等女学校卒。肺結核による13年間の闘病中にキリスト教の洗礼を受ける。1964年、『氷点』が『朝日新聞』1000万円懸賞小説に1位入選。以後作家生活に入る。現代小説『塩狩峠』『続氷点』や、歴史小説『細川ガラシャ夫人』『海嶺』など、いずれも人間の原罪と神の愛を追求した。

三島由紀夫（みしま・ゆきお／1925-1970）……72、73、79、90、91、156、163、176、177、185、186、241、248、249
小説家、劇作家。東京大学法学部卒。古典主義的な緻密な構成と華麗な文体で独自の様式美を備えた文学世界を展開。唯美的傾向と鋭い批評精神の作品を発表。最期は国を憂い自衛隊市ケ谷駐屯地で割腹自殺を遂げた。代表作に『仮面の告白』『金閣寺』『豊饒の海』（四部作）等。

宮崎滔天（みやざき・とうてん／1871-1922）……88
西南戦争で熊本協同隊を率いた宮崎八郎の弟。徳富蘇峰の大江義塾、東京専門学校に学ぶ。犬養毅を通じて孫文と交わり、頭山満らと中国革命を積極的に援助した。1911年辛亥革命が起こるとこれに参加、孫文の南京政府樹立を助け、第二次、第三次の革命も支援。その死にいたるまで中国革命を支持し続けた。

宮崎龍介（みやざき・りゅうすけ／1892-1971）……89
孫文の盟友の宮崎滔天の長男。東大在学中に大正デモクラシー運動の推進とアジア各国の独立運動へ協力。『解放』を主幹していたとき、炭鉱王伊藤伝右衛門の妻で歌人の柳原白蓮に出会い熱愛、駆け落ちして結婚。その後は社会運動家として民族主義運動と中国問題に取り組んだ。戦後は弁護士となり、不戦運動や護憲運動、日中友好運動に従事した。

ミルトン〈ジョン〉（John Milton／1608-1674）……218、219
イギリスの詩人、思想家。シェークスピアとともにイギリス文学を代表する詩人の一人。ピューリタン革命に参加、言論の自由を主張し、共和制政府に関与。王政復古後は、失明するも、口述で執筆活動に勤しんだ。『失楽園』『闘士サムソン』等。

紫式部（むらさきしきぶ／973頃-1014頃）……225、227
平安中期の歌人・作家。越前守藤原為時の娘。藤原宣孝と結婚し、夫の没後、『源氏物語』を書き始める。一条天皇の中宮彰子に仕え、藤原道長らに厚遇された。

村松英子（むらまつ・えいこ／1938- ）……248
日本の女優、詩人。実兄は文芸評論家の村松剛。兄の友人三島由紀夫の弟子で演劇活動を引き継いでいる。

村松剛（むらまつ・たけし／1929-1994）……241、247、248
評論家・フランス文学者。東京出身。東大卒。文芸評論、社会評論を手がけ、行動する論客として知られた。『死の日本文学史』で平林たい子賞、87年『醒めた炎─木戸孝允』で菊池寛賞。筑波大、杏林大などの教授を歴任。『三島由紀夫─その生と死』『評伝アンドレ・マルロオ』等。

明治帝（めいじてい／1852-1912）……19、41-44、55
明治維新に象徴される、日本近代の国力を伸長させた第122代天皇。

モーセ（Moses／紀元前13世紀頃）……62
イスラエル民族の指導者で聖書の出エジプト記に登場する。十戒を神から授けられ、40年間荒野をさまよった後、カナンの地へと民を導いた。

モーム〈サマセット〉（Somerset Maugham／1874-1965）……146
イギリスの作家。平明な文体で物語性に富む作品を数多く発表し、広く大衆に受け入れられた。また医師の資格を持ち、第一次世界大戦では軍医・諜報部員として活躍。代表作に『人間の絆』、『月と六ペンス』等。

本居宣長（もとおり・のりなが／1730-1801）……49、50、168、169
江戸中期の国学者、歌人、国学の大成者。伊勢（三重県）松坂の商家の生まれ。京都で医・儒学を学び、松坂に帰り小児科医を開業。国学に関心を深め、賀茂真淵の学風を慕い入門。『古事記』を実証的に研究、大著『古事記伝』を完成。日本固有の古代精神の中に真理（古道）を求め、国文学の本質を「もののあはれ」とした。

森有正（もり・ありまさ／1911-1976）……241、242、246
フランス文学者・哲学者。森有礼の孫。東大助教授を辞しフランスに移住。パリ大学で教鞭を執りながら西欧文明の研究に没頭した。『バビロンの流れのほとりにて』『遥かなノートル・ダム』等。

森鷗外（もり・おうがい／1862-1922）……186
小説家、評論家、翻訳家、陸軍軍医（軍医総監）。東大医学部卒業後、陸軍軍医となりドイツへ留学。軍医として日清戦争、日露戦争に従軍する一方、『舞姫』『ヰタ・セクスアリス』『青年』『雁』などを執筆。乃木希典大将の殉死に影響を受け、『阿部一族』『高瀬舟』など歴史小説を書きはじめ、さらに史伝小説『渋江抽斎』を書いた。翻訳に『ファウスト』。

【や】

保田與重郎（やすだ・よじゅうろう／1910-1981）……78、79、153、154、177、178、225
評論家・歴史家・歌人。同人誌「コギト」「日本浪漫派」を創刊。同派を代表する論客として活動した。『萬葉集の精神』『日本の橋』等。

柳原白蓮（やなぎはら・びゃくれん／1885-1967）……89
華族の娘として出生。大正天皇の従姉妹。九州の炭坑王・伊藤伝右衛門と結婚、白蓮の雅号で短歌を発表し、歌人として活動。「大正三美人」の一人とされた。30代半ば、編集者で東京帝大生の宮崎龍介と恋に落ちて出奔し、のちに再婚。戦後は平和運動に力を注いだ。

山鹿素行（やまが・そこう／1622-1685）……158、162
江戸時代前期の兵法家、儒者。林羅山に朱子学を、小幡景憲、北条氏長に武芸、兵学を学ぶ。朱子学を批判して、赤穂に流されるが許され江戸に帰る。『武教全書』などを著わし山鹿流兵学を完成した。

山下九三夫（やました・くみお／1920-1994）……160
陸軍大将・山下奉文の息子であり、医者。胸部外科の世界的権威。

山下奉文（やました・ともゆき／1885-1946）……160
昭和の陸軍軍人（大将）。太平洋戦争において、マレー方面軍・満州第一方面軍・フィリピン方面軍で司令官を務め「マレーの虎」と呼ばれた。戦後、マニラの軍事裁判で戦争責任を問われ、死刑。

山本七平（やまもと・しちへい／1921-1991）……40
評論家。日本の社会・文化・行動様式を「空気」「実体語・空体語」といった概念によって分析した。『「空気」の研究』『現人神の創作者たち』等。

山本周五郎（やまもと・しゅうごろう／1903-1967）……245
山梨県生まれ。本名清水三十六（さとむ）。小学校卒業後、東京木挽町の山本周五郎商店に徒弟として住み込む。1926年『須磨寺附近』が『文藝春秋』に掲載され、出世作となった。『日本婦道記』が43年上期の直木賞に推されたが、受賞を固辞。以後、『栄花物語』『樅ノ木は残った』『さぶ』など、死の直前まで庶民の立場から武士の苦衷や市井人の哀感を描いた時代小説、歴史小説を発表し続けた。

山本常朝（やまもと・じょうちょう〈つねとも〉／1659-1719）……50、51、121、171
江戸時代前期―中期の肥前佐賀藩士。9歳から約30年間藩主鍋島光茂の側近として仕える。光茂の死に際し出家。佐賀藩士田代陣基に武士の心得として『葉隠』を口述した。「じょうちょう」は出家以後の訓で、それ以前は「つねとも」と訓じた。

ヤング〈マイケル〉（Michael Young／1915-2002）……278-280
イギリスの社会学者・社会活動家・政治家。大学で経済学を学び、法定弁護士の資格を取得。労働党で研究者として勤務ののち、自身で研究所を設立し社会改革案を探求。著書『メリトクラシー』は社会に大きな影響を与えた。

唯円（ゆいえん／1222-1289）……96
浄土真宗の僧。親鸞の弟子であり、『歎異抄』の作者とされる。

ユング〈グスタフ〉（Gustav Jung／1875-1961）……47
スイスの精神科医・心理学者。国際精神分析学会初代会長。フロイトの影響を受けるが、のち訣別。分析的心理学を創始した。彼は人間の心を意識と無意識に分け、無意識部分をさらに個人的無意識と普遍的無意識に分けた。また内向・外向という概念で、性格を分類した。東洋思想や神秘思想にも関心を示したといわれる。『変容の象徴』等。

吉田松陰（よしだ・しょういん／1830-1859）……55、162-164、167、170
幕末の尊王攘夷の志士であり長州藩士。松下村塾を開き多くの明治維新の志士を育てた。江戸で佐久間象山に師事。安政の大獄で処刑され、29年の生涯を閉じた。

【ら】

良寛（りょうかん／1758-1831）……136
江戸後期の禅僧、歌人、書家。俗名山本栄蔵。号は大愚。18歳で出家、22歳頃から備中玉島円通寺で10余年修行。その後各地に草庵を結び、47歳のとき越後国上山の五合庵に入った。その生涯、寺を持たず托鉢によって生活し、法を説かずに感化を与え、深い尊信を受けた。自在純真な歌を読み、書は風韻に富んでいる。全集、歌集のほか評伝も多い。

ロックフェラー〈ジョン・デイヴィソン〉（John Davison Rockefeller／1839-1937）……49
アメリカの実業家、慈善家。農産物仲買商の会計係の後、石油精製業を始め、1870年スタンダード・オイル社を設立。10年足らずのうちに全米石油精製業の約9割を支配。「トラスト方式」を採用し、スタンダード石油トラストを設立、全産業を席巻する企業合同運動の先駆者となる。引退後、ロックフェラー財団を設立。晩年は慈善事業に多額の寄付。シカゴ大学などの設立者としても知られる。石油王とも呼ばれる。

参考文献

『愛と認識との出発』（倉田百三著／岩波書店）
『アインシュタイン回顧録』（アルベルト・アインシュタイン著、渡辺正訳／ちくま学芸文庫）
『荒地』（T・S・エリオット 著、岩崎宗治訳／岩波文庫）
『美しい星』（三島由紀夫著／新潮文庫）
『運命愛・政治・芸術』（フリードリヒ・ニーチェ著、原佑訳編／人文書院）
『英霊の聲』（三島由紀夫著／河出文庫）
『エリック・ホッファー自伝』（エリック・ホッファー著、中本義彦訳／作品社）
『おくのほそ道　付 曾良旅日記 奥細道菅菰抄』（松尾芭蕉著、萩原恭男校注／岩波文庫）
『改訂葉隠』（上・下巻 城島正祥校注／新人物往来社）
『カラマーゾフの兄弟』（全4巻　ドストエフスキー著、米川正夫訳／岩波文庫）
『カルメル山登攀』（十字架の聖ヨハネ著、奥村一郎訳／ドンボスコ社）
『希望の原理』（全3巻 エルンスト・ブロッホ著、山下肇 他訳／白水社）
『教会教義学』（カール・バルト著、吉永正義訳／新教出版社）
『クォ・ワディス』（上・中・下巻 ヘンリック・シェンキェーヴィチ著、木村彰一訳／岩波文庫）
『ゲバラ日記』（チェ・ゲバラ著、平岡緑訳／中公文庫）
『源氏物語』（『日本古典文学大系』14〜18 全5巻 紫式部著、山岸徳平校注／岩波書店）
『現代語訳日本書紀』（福永武彦訳／河出文庫）
『現代襤褸集』（『日本の詩歌11』 折口信夫著／中央公論新社）

『倹約斉家論』（『日本思想大系 42 石門心学』 石田梅岩著／岩波書店）
『幸福論』（アラン著、神谷幹夫訳／岩波文庫）
『孤高のリアリズム』（執行草舟著／講談社エディトリアル）
『古事記』（倉野憲司校注／岩波文庫）
『古事記傳』（本居宣長著／吉川弘文堂）
『小林秀雄全作品 14』（「無常という事」 小林秀雄著／新潮社）
『山椒大夫・高瀬舟 他四編』（森鷗外著／岩波文庫）
『自死の日本史』（モーリス・パンゲ著、竹内信夫訳／筑摩書房）
『自助論』（スマイルズ著、竹内均訳／三笠書房）
『自省録』（マルクス・アウレーリウス著、神谷美恵子訳／岩波文庫）
『失楽園』（上・下巻 ジョン・ミルトン著、平井正穂訳／岩波文庫）
『渋江抽斎』（森鷗外著／岩波文庫）
『邪宗門』（高橋和巳著／河出文庫）
『出家とその弟子』（倉田百三／岩波文庫）
『種の論理』（田辺元／岩波文庫）
『純粋理性批判』（上・中・下巻 カント著、篠田英雄訳／岩波文庫）
『聖徳太子Ⅱ 憲法十七条』（梅原猛著／小学館）
『正法眼蔵』（『日本思想大系12・13道元』 道元著、寺田透、水野弥穂子校注／岩波書店）
『死霊』（全3巻 埴谷雄高著／講談社文芸文庫）
『神曲』（完全版 ダンテ著、平川祐弘訳／河出書房新社）
『新生』（ダンテ著、平川祐弘訳／河出文庫）

『新選組血風録』（司馬遼太郎著／中公文庫）
『神皇正統記』（北畠親房著、岩佐正校注／岩波文庫）
『すばらしい新世界』（オルダス・ハクスリー著、黒原敏行訳／光文社古典新訳文庫）
『聖教要録 配所残筆』（山鹿素行著、村岡典嗣校訂／岩波文庫）
『成功には価値はない』（執行草舟著／ビジネス社）
『聖書――口語訳』（日本聖書協会）
『精神現象学』（ヘーゲル著、長谷川宏訳／作品社）
『生の悲劇的感情』（ミゲール・デ・ウナムーノ著、神吉敬三・佐々木孝訳、ヨハネ・マシア解説／法政大学出版局）
『生命とは何か』（シュレーディンガー著、岡小天・鎮目恭夫訳／岩波文庫）
『西洋の自死』（ダグラス・マレー著、中野剛志解説、町田敦夫訳／東洋経済新報社）
『狭き門』（アンドレ・ジッド著、山内義雄訳／新潮文庫）
『善の研究』（西田幾多郎著／岩波文庫）
『歎異抄』（金子大栄校注／岩波文庫）
『超葉隠論』（執行草舟著／実業之日本社）
『月と六ペンス』（サマセット・モーム著、中野好夫訳／新潮文庫）
『罪と罰』（上・下巻 ドストエフスキー著、米川正夫訳／角川文庫）
『定義集』（アラン著、神谷幹夫訳／岩波文庫）
『天の夕顔』（中河与一著／新潮文庫）
『都鄙問答』（石田梅岩著、足立栗園校訂／岩波文庫）
『ドン・キホーテ』（全6巻 セルバンテス著、牛島信明訳／岩波文庫）
『ドン・キホーテとサンチョの生涯』（ミゲール・デ・ウナムーノ著、アンセルモ・マタイス・佐々木孝訳／法政

大学出版局）
『日本書紀 全現代語訳』（上・下巻　宇治谷孟訳／講談社学術文庫）
『日本書紀』（『日本古典文学大系67・68　日本書紀』／岩波書店）
『バガヴァット・ギーター』（上村勝彦訳／岩波文庫）
『葉隠』（上・中・下巻 山本常朝著／ちくま学芸文庫）
『芭蕉紀行文集』（松尾芭蕉著、中村俊定校注／岩波文庫）
『判断力批判』（上・下巻 カント著、篠田英雄訳／岩波文庫）
『悲願へ―松下幸之助と現代―』（執行草舟著／ＰＨＰ研究所）
『風姿花伝』（世阿弥著、野上豊一郎・西尾実校訂／岩波文庫）
『武士道』（新渡戸稲造著、矢内原忠雄訳／岩波文庫）
『プリンシピア』（全3巻 アイザック・ニュートン著、中野猿人訳／講談社）
『平家物語』（『日本古典文学大系32・33』高木市之助他校注／岩波書店）
『ヘーゲル全集』（全20巻32冊 ヘーゲル著、藤田健治他訳／岩波書店）
『ベラスケスのキリスト』（ミゲール・デ・ウナムーノ著、執行草舟監訳、安倍三﨑訳／法政大学出版局）
『萬葉集』（『日本古典文学大系4・5・6・7』高木市之助・五味智英・大野晋校注／岩波書店）
『萬葉集古義』（全12巻　鹿持雅澄著／國書刊行會）
『萬葉集の精神 その成立と大伴家持』（保田與重郎著／保田與重郎文庫12　新学社）
『メリトクラシー』（マイケル・ヤング著、窪田鎮夫・山元卯一郎訳／講談社エディトリアル）
『猛虎宰相クレマンソー』（桃井京次著／平凡社）
『燃えよ剣』（上・下巻 司馬遼太郎著／新潮文庫）
『本居宣長』（上・下著 小林秀雄著／新潮文庫）

『保田與重郎全集』（全40巻 別巻5巻 保田與重郎著／講談社）
『夕あり朝あり』（三浦綾子著／新潮文庫）
『吉田松陰 留魂録（全訳注）』（吉田松陰著、古川薫訳注／講談社学術文庫）
『歴史の意味』（ニコライ・ベルジャーエフ著、氷上英廣訳／白水社）
『歴史の研究』（『トインビー著作集』全7巻　アーノルド・トインビー著、長谷川松治訳／社会思想社）
『論語』（金谷治訳注／岩波文庫）
『若きウェルテルの悩み』（ゲーテ著、高橋義孝訳／新潮社）

〈映画〉
『明日に向かって撃て！』（アメリカ／1969年公開）

執行草舟
（しぎょう・そうしゅう）
昭和25年、東京生まれ。立教大学法学部卒業。著述家、実業家。生命の燃焼を軸とした生き方を実践・提唱する生命論研究者。また、独自の美術事業を展開し、執行草舟コレクション主宰、戸嶋靖昌記念館館長を務める。蒐集する美術品には、安田靫彦、白隠、東郷平八郎、南天棒、山口長男、平野遼等がある。魂の画家・戸嶋靖昌とは深い親交を結び、画伯亡きあと全作品を譲り受け、記念館を設立。その画業を保存・顕彰し、千代田区麴町の展示室で公開している。
著書に『超葉隠論』『人生のロゴス』（いずれも実業之日本社）、『生くる』『友よ』『根源へ』『脱人間論』（以上講談社）、『おゝポポイ!』『現代の考察』（いずれもPHP研究所）など多数。実業之日本社から刊行の「草舟言行録」シリーズは『日本の美学』『人間の運命』に続き本書が3作目となる。

草舟言行録《そうしゅうげんこうろく》 III
誠《まこと》に生《い》く
2024年7月26日　初版第1刷発行

著者
執行草舟
発行者
岩野裕一
発行所
株式会社実業之日本社
〒107-0062　東京都港区南青山6-6-22　emergence 2
TEL 03-6809-0473（編集）／03-6809-0495（販売）
https://www.j-n.co.jp/
印刷・製本
大日本印刷株式会社

ISBN978-4-408-65102-6（第二書籍）　